Von Käuzen und Sonderlingen

VON KÄUZEN UND SONDERLINGEN

Skurrile Erzählungen der Weltliteratur

Herausgegeben
von Klaus Seehafer

Artemis & Winkler

Herausgegeben und mit einem Vorwort sowie biographischen Notizen zu den Autoren versehen von Klaus Seehafer.
Mit 10 Zeichnungen von Carl Spitzweg.

Die Deutsche Bibliothek – CIP-Einheitsaufnahme

Von Käuzen und Sonderlingen: skurrile Erzählungen der Weltliteratur / hrsg. von Klaus Seehafer. – Düsseldorf; Zürich: Artemis und Winkler, 1999
ISBN 3-538-06825-9

Umschlagmotiv: Carl Spitzweg, Der Schmetterlingsfänger, Archiv für Kunst und Geschichte, Berlin
Satz: Fotosatz Moers, Mönchengladbach
Druck und Verarbeitung: Clausen & Bosse, Leck
ISBN 3-538-06825-9

INHALT

Vorwort
Kleine Reise auf vergessenen Pfaden
7

Theodor Fontane
Wohin?
13

Washington Irving
Der dicke Herr
32

Wilhelm von Merckel
Aus dem Postwagen
49

Gottfried Keller
Der schlimm-heilige Vitalis
78

Charles Dickens
Die Tanzakademie
108

Otto Ernst
Wie man Aphorismen »macht«
119

Christian Wagner
Die Marterstiefel
124

Ottilie Wildermuth
Die Jammerbase
127

Adolf Glaßbrenner
Herr Rentier Buffey über Goethes »Torquato Tasso«
136

Wilhelm Heinrich Riehl
Die vierzehn Nothelfer
140

Peter Rosegger
Zu Abelsberg beim Spielchen
144

Wilhelm Busch
Meister Hinnerk
148

Heinrich Seidel
Wie mein Freund Bornemann schweningerte
157

Guy de Maupassant
Das Schwein, der Morin
168

Otto Julius Bierbaum
Der mutige Revierförster
184

Die Autoren
197

Vorwort

KLEINE REISE AUF VERGESSENEN PFADEN

Im Winter 1842/43 hatte das »Journal des Débats politiques et litéraires« seine höchste Auflage erreicht, denn damals konnte die Zeitung Tag für Tag eine neue Folge von Sues unglaublich spannendem Roman »Die Geheimnisse von Paris« bringen. War das Blatt heraus, kam alle Arbeit zum Erliegen, sogar im Parlament wurde eine Pause gemacht. Die Bewohner ganzer Dörfer gingen dem Briefträger entgegen, studierten auf dem Heimweg die Illustrationen und gaben dann die neue Ausgabe dem Schulmeister zum Vorlesen.

Eine andere Vergegenwärtigung: Feuer lodert im Kamin. Die Familie sitzt eng zusammengeschart davor. Vater hatte eine der allmonatlichen Folgen von Charles Dickens' »Pickwickiern« ergattern können, hat nun seine Pfeife ausgeklopft und es sich im Sessel bequem gemacht. Die häusliche Lesung konnte beginnen.

Oder noch anders: Eine junge Dame aus Berlin hat sich von ihrem Buchhändler Neuerscheinungen empfehlen und sie stets zum Aufbinden wegbringen lassen. Wildermuth, Freytag, Dahn, ein gewisser Paul Heyse, der jetzt Mode zu werden begann. Bitte alles in rotem Safian und mit dem Exlibris der Familie ausgestattet!

So lautete auch diesmal wieder der Auftrag. Nun sind die Bücher ausgeliefert worden, und die junge Dame ordnet sie voller Vorfreude in die Regale ihrer Bibliothek ein, erwägend, welcher Roman denn jetzt zuerst an die Reihe kommen soll.

Vielleicht saß gleichzeitig irgendwo ein 13jähriger auf einem sommerlich heißen Dachboden, tief versunken in Ferrys »Waldläufer«, weit entführt in ein Indianergebiet zwischen Mexiko und den Vereinigten Staaten, keine Rufe hörend, für alles um ihn her verloren. Hermann Hesse hätte ihn gut verstanden. »Ich bin nämlich selber ein Leser«, schreibt er, »einer von den seit Kinderzeiten Verhexten, und würde, wenn es mir ginge wie dem Mönch von Heisterbach, mich in die Tempelräume und Irrgänge, Höhlen und Ozeane der Bücherwelt für einige hundert Jahre verlieren können, ohne ein Kleinerwerden dieser Welt zu bemerken.«

Das Motiv des aus der Welt entrückten Lesers in der Literatur: ein verbreitetes, ein im 19. Jahrhundert kaum zu fassendes Motiv. Und auch heute wird sich wohl jeder leidenschaftliche Leser an Momente tiefster Lektüreseligkeit erinnern. Früher Eindrücke zumeist, die dann eigentümlicherweise fast immer mit Örtlichkeiten verknüpft sind. Für Martin Walser war es Hölderlin auf dem Dachboden. Für Peter Huchel die grünen Bände des »Forst- und Jagd-Archivs«, die er im Gewehrschrank seines Großvaters fand. Für Peter Weiss ein Durcheinander von Erwachsenenromanen, deren Lektüre unter der Bettdecke stattfand, »beim Schein der Taschenlampe, oder im Klosett, oder unter der Tarnung von Schulbüchern«. Der 12jährige Thomas Bernhard las, zum ersten Mal der »Ungeheuerlichkeit der Schulbücher« entkommend, Christian Wagners Gedichte, »heimlich und freiwillig im Arbeitszimmer meines Großvaters mütterlicherseits«.

Wo wird heute noch so gelesen? So lange und selbstvergessen, so lustvoll auch große Lese-Strecken bewältigend? In der Bahn sehe ich das oft. Dort hat noch einmal die Stunde des dicken Schmökers geschlagen. Auch im Flugzeug, wenn die Strecken lang sind. Manchmal komme ich abends an Häusern vorbei, aus denen es nicht unruhig-bläulich herausflackert. Erkenne durchs Fenster Regale voller Bücher. Und dann rätsle ich gern, was dort wohl gelesen wird, und fühle mich verwandten Seelen nahe.

Jedes Jahr kommen so viele neue Bücher heraus. Sie drängen, scheint's, das, was zuvor erschienen ist, nach hinten, und irgendwann fallen die meisten von ihnen, wenn sie denn nicht ein sehr zähes Leben haben, in tiefe Schluchten des Vergessens. Das ist vielleicht die größte Ungerechtigkeit gegenüber den Büchern, diesen wunderbaren, nichts fordernden und immer bereiten Freunden im Leben. Aber sie sind geduldig. Sie warten darauf, daß das, was sie zu geben haben, einmal wieder gebraucht wird. Ihr Witz, ihre Freundlichkeit, ihre von Autor zu Autor anders hergestellte Spannung. Und diese große, nicht mit Langeweile zu verwechselnde Behaglichkeit, die nur das Lesen älterer Bücher bietet, die noch nicht den ausgefeilten Suspense-Techniken genügen mußten, wie man sie heute von einem publikumsfreundlichen Werk erwartet.

Vor allem Humor und Behaglichkeit sind es, die der Leser der folgenden Erzählungen finden wird. Er wird Käuze und Sonderlinge kennenlernen und schmunzeln über die Eigenheiten der Starren und der Allzuschwachen und über die absonderlichen Mäander, mit denen sich so mancher an jenem Gesetz vorbeizuschwindeln sucht, dem er doch unterworfen ist.

Sicher, die Handlungsführung ist nicht nach der neuesten Facon, zweckvoll, rationell, auf Pointe erzählt. Eher hat sie etwas von einer behaglichen Fahrt mit der Kutsche an sich. Da werden schon mal holprige Nebenpfade eingeschlagen, wenn sich der Kutscher unvermutete Perspektiven für seine Gäste verspricht. Manche dieser Fahrten beginnen voll guter Laune, aber dann steigen neue Mitreisende zu, es wird idyllisch oder nachdenklich; und wie im wirklichen Leben kann es auch zu Dramen kommen.

Mancher Erzählung liegen zauberhafte kleine Einfälle zugrunde, aber selten sind sie ihr einziges Um und Auf. Nicht einmal die vielen hübschen Personencharakteristika sind es, eher vielleicht der Stil, den sich jeder Erzähler eigens und eigenartig erarbeitet hat. Hier offenbart sich ein Reichtum an Beschreibungskunst, über den im 19. Jahrhundert sogar jene Autoren verfügten, denen die Literaturgeschichte später nur ein kleines Eckchen der Erinnerung einräumen mochte. Selbst wo es boshaft und ein wenig derb zugeht und von Schattenseiten menschlichen Tuns gesprochen wird, liegt den Geschichten so viel verständnisvolles Eindringen in die seltsamen Spielarten menschlichen Charakters zugrunde, daß sie niemals ihre wohltuende Wärme und leise Heiterkeit verlieren, den besonderen Charme, den ihnen ihre Sprache verleiht. »Eigentümlichkeit des Ausdruckes« ist eben, nach Goethe, »Anfang und Ende aller Kunst«.

Eigentümlichkeit des Ausdrucks wird Goethe auch zu seinen Beschreibungen französischer Kupferstiche und Lichtenberg zu den Kommentaren Hogarth'scher satyrischer Zyklen gereizt haben. Den besonderen Spaß an der Karikatur des Närrischen und Absonderlichen aber findet dann erst das 19. Jahrhundert. Namen wie Doré in Frankreich, Rudolph Toepffer in der Schweiz und Cruikshank in England seien als Leuchtfeuer der Erinnerung gesetzt. Waren jene oft boshaft-bitter, so wurde das Bedürfnis, sich Querköpfe und gesellschaftliche Außenseiter zurechtzulachen, von den Künstlern des deutschen Biedermeier in verständnis- und gemütvollen Humor aufgelöst. Als wohl größter unter den Kleinmeistern seiner Zeit gilt hier Carl Spitzweg, der auf über 1500 Gemälden und Aquarellen und in schier unerschöpflichen Skizzenbüchern eine Welt von Sonderlingen geschaffen hat. Er ist der Erzähler unter den Malern, und es war ein naheliegender Gedanke, mit Beispielen aus seinem Schaffen unsere Anthologie abzurunden.

Den vergessenen und unvergessenen Erzählern des 19. Jahrhunderts, den Minderdichtern nicht weniger wie den Klassikern, sind herrliche Kabinettstückchen gelungen, wobei es in der vorliegenden Sammlung nicht selten die unbekannten Geschichten der Bekannten sind und Geniestreiche ansonsten Verschollener, die das Beste beigetragen haben. Wer liest noch Heinrich Seidel, Adolf Glaßbrenner, kennt Merckel, Riehl, Otto Ernst und Wildermuth, ja würde einen Rosegger oder Bierbaum überhaupt ernst nehmen? Und dennoch täte man ihnen unrecht, entließe man sie in den Orkus des Vergessens. Soviel Vergnügen käme uns abhanden, soviel Heiterkeit des Herzens, soviel vergänglichkeitsbedrohte Kleinkunst!

Was für einen hinreißenden Typus hat Ottilie von Wildermuth mit ihrer »Jammerbase« porträtiert! Welche Ironie funkelt noch in dem kleinen Dialogwerkchen »Wohin?« des großen Fontane! Und Heinrich Seidel? Da fällt manchem vielleicht »Leberecht Hühnchen« ein. Aber bei diesem Autor gibt es noch viel mehr zu entdecken. Genauso wie bei Irving und Maupassant, die man ja zu kennen glaubt, bei Keller und Dickens, deren gute Namen auf so vielen Titelblättern stehen, daß man ja nun nicht unbedingt auch noch die 1001 Geschichten dahinter lesen muß. Oder doch? Aber ja!

Deshalb geben die Kurzbiographien am Ende dieser Sammlung kleine Fingerzeige auf das, was es von den hier versammelten Autoren etwa noch zu entdecken gäbe. Und sie folgen dabei in all ihrer Parteilichkeit dem schönen Motto, mit dem einst Arno Schmidt seine Funkessays zu Ehren vergessener Autoren einleitete: »Müde vom Durchwandern öder Letternwüsten, voll leerer Hirngeburten, in anmaßendsten Wortnebeln; überdrüssig ästhetischer Süßler wie grammatischer Wässerer; entschloß ich mich: Alles, was je schrieb, in Liebe und Haß, als immerfort mitlebend zu behandeln!«

Klaus Seehafer

Theodor Fontane

WOHIN?

Ja, liebe Leontine, du mußt dich nun entscheiden, entscheiden, *wohin*? Ich habe nicht Lust, immer das Nachsehen zu haben und bei der ›Teilung der Erde‹, wenigstens soweit Bäder und Kurorte mitsprechen, immer wieder in den Himmel einer Dachstube zu kommen. ›Sooft du kommst, er soll dir offen sein.‹ Das ist für Dichter, aber nicht für unserein. Erinnere dich an Kissingen und unsere Debütnacht über dem Hühnerstall. Und all das immer für teuerstes Geld und immer noch um Gottes willen. Ich habe das satt … Also *wohin*, Leontine?«

»Lieber James, ich bitte dich, quäle mich nicht mit diesem ewigen: ›wohin?‹ Ich werde nachgerade nervös, wenn ich das Wort höre. Wir sind erst Ende Mai, haben also noch mindestens sechs Wochen. Übrigens, was heißt Hühnerstall und Himmel und Dachstube? Das sind Redensarten. Was du so nennst, war ein Unterschlupf auf vierundzwanzig Stunden, und den nächsten Tag hatten wir einen Salon. Es eilt wirklich nicht. Niemand bleibt schließlich ohne standesgemäße Wohnung, am wenigsten aber ein hoher Steuerzahler wie du.«

»Mache mir nicht Komplimente, Leontine, mache Vorschläge.«

»Nun denn: *Misdroy*.«

»Kennst du Misdroy?«

»Nein. *Wenn* ich es kennte …«

»… würdest du vorsichtiger sein, am wenigstens mit ihm anfangen. Davon sei überzeugt. Denn wie steht es mit Misdroy? Misdroy hat erstens mehr Berliner als Berlin, und zweitens, was doch bei deinem Teint eine Rolle spielt, mehr Mücken als Berlin: Ostsee-Moskitoküste, nordisches Kamerun. Und was doch auch in Betracht kommt, wenn ich im Bade bin, will ich im Bade sein und nicht an der Börse. Ja mehr, Leontine; wenn ich dir die Wahrheit sagen soll, ich geh' überhaupt nur ins Bad, um die lieben alten Gesichter *nicht* zu sehen.«

»Worin ich dir ausnahmsweise zustimme«, lachte Leontine. »Und so lassen wir denn Misdroy fallen und nehmen Norderney.«

»Gut. Das läßt sich hören. Aber andererseits bedenke, Norderney liegt nicht viel besser als Helgoland. In Emden zu Schiff, und dann vier Stunden auf See. Und vier Stunden heißt allemal sechs Stunden. Und dann stößt das Schiff, und die See rollt. Und du wirst seekrank werden.«

»Ich werde *nicht* seekrank werden oder doch immer noch präsentabel. Glaube mir, James, der Wille tut viel dabei, wenn nicht alles. Auch *das* sind Erziehungssachen. Und schließlich, *wenn* ich es würde, so würde mich das nicht abschrecken, ein solches Opfer zu bringen, denn Norderney, um dir's offen zu gestehen, gehört zu meinen angenehmen Erinnerungen. Und ich bin lange genug verheiratet, um mehr oder minder angenehme, jedenfalls aber poetische Erinnerungen gerne wieder aufzufrischen …«

»Ich bitte dich, Leontine.«

»Ja, James, *poetische* Erinnerungen, trotzdem oder vielleicht auch *weil* ich damals noch ein halbes Kind war, nicht viel älter als unsre Lulu. Denke dir, jeden Nachmittag, gleich nach Tisch, hatten wir eine Kegelpartie …«

»Dergleichen haben wir in Wilmersdorf auch. Selbst in Halensee …«

»Mitnichten, mon ami. Denn erstens war es ein Kegelspiel in den Dünen, mitten unter Strandhafer und blauen Disteln …«

»Nicht übel.«

»Und zweitens war das, was wir da hatten, keine landläufige Berliner Kegelbahn mit einem Brett und einer Rinne, daran man sich, wenn man nicht aufpaßt, immer einen Splitter einreißt, und einer von den Breslauer Ephraims (ich glaube der Lotterieinspektor) ist daran gestorben, sondern die Kugel hing an einem merkwürdigen, altfriesischen Schiffstau, ganz so wie wir früher in unserem Garten einen Ring an einer grünen Korde hatten, einen Messingring, der, wenn man's verstand, immer in einen an einem Birnbaum angebrachten Haken fiel. Und genau so fiel da die Kugel in die Kegel. Aber man mußte richtig zielen, und ich entsinne mich, daß Alfred Meyer, damals ein reizender Junge von kaum Siebzehn und doch schon mit einem kleinen Schnurrbart, dreimal hintereinander alle neune warf.«

»Wohl möglich, Leontine. Ja, sogar wahrscheinlich.

Später freilich hat er Konkurs gemacht und ist nach Amerika gegangen. Und wenn er wirklich solch Kegelvirtuose war, wie du ihn mir schilderst, so wird er wohl eine Tabagie drüben haben. Vielleicht am Niagara, dicht am großen Fall.«

»Du weißt, James, ich liebe solche Späße nicht, am wenigsten auf Kosten von Personen, die mir in meiner Jugend lieb und wert waren. Ich habe nicht die Prätension, meinen Willen durchzusetzen, man kann auch *das* verlernen, aber du hast mich aufgefordert, Vorschläge zu machen und Reiseziele zu nennen. Und dem bin ich nachgekommen. Und nun sage mir, was hast du gegen Norderney?«

»Nicht das geringste. Wenn du also willst, so nehmen wir Norderney. Warum nicht? Es ist schließlich keine Karaiben-Insel von anthropophagem Charakter, und die wilden Triebe sowohl der einheimischen wie der eingewanderten Bevölkerung, die Hoteliers an der Spitze, sollen mehr auf Gut als auf Blut gerichtet sein. Also, ich wiederhole, warum nicht, Leontine? Aber so hübsch du mir eben das Kegelspiel beschrieben hast, so find' ich es dennoch für fünf Wochen etwas zu wenig. Um so mehr, als ich fest überzeugt bin, daß ich niemals dreimal hintereinander alle neun werfen werde.«

»Nein«, sagte sie mit jenem Ausdruck von Spott, darin Frauen, ihren Ehemännern gegenüber, allemal Meister sind. »Nein, James, *das* wirst du nicht.« Und in ihrer plötzlich erwachten guten Laune schien sie grad einen neuen Pfeil aus dem Köcher nehmen und ihren Triumph durch einen zweiten wohlgezielten Schuß vervollständigen zu wollen, als ein eintretender Diener den Justizrat Markauer meldete.

James ging dem Angemeldeten entgegen, der seinerseits, unter nur leichtem Gruße gegen den Freund, auf die schöne Frau zuschritt und ihr die Hand küßte.

»Geschäfte?« fragte James.

»Nein.«

»Tant mieux. Dann frühstücken wir zusammen. Meine Frau schwärmt eben für Norderney, gegen das ich nichts habe, wenn auch freilich nicht viel dafür. Aber daß sie ›Jugenderinnerungen‹ ins Feld führt, was immer eine schwache Position bedeutet, macht mir die Sache verdächtig. Sie, Markauer, kennen alle Bäder Westeuropas und noch einige mehr. Entscheiden Sie zwischen uns, und geben Sie, wenn es sein muß, meinem aus bloßem Friedensbedürfnis geborenen ›Ja‹ die höhere Weihe. Noch schwebt alles. Wie steht es? Raten Sie mir zu diesem jugenderinnerungsreichen Eiland?«

Und während James noch so sprach, schob er seinem Gaste die beiden auf dem Frühstückstische stehenden Karaffen zu. »Port oder Sherry, Markauer? Oder vielleicht lieber Liebfrauenmilch oder Bocksbeutel oder sonst was Urgermanisches? Wir brauchen uns bloß im Spiegel zu sehen, um unsere Spezialberechtigung wenigstens vor uns selber nachgewiesen zu haben.«

Beide lachten, und nur Leontine, die nach dieser Seite hin sehr empfindlich und im letzten Winkel ihres Herzens eigentlich Antisemitin war, trat an den Flügel und strich mit dem kleinen Finger über die Tasten.

»Also Norderney«, wiederholte jetzt James, während er Markauer einschenkte. »Doch jedenfalls dagewesen?«

»Dreimal. Erst 64, als es noch hannoversch war. Und anno 80 und 81.«

»Nun«, sagte Leontine, vom Flügel her an den Frühstückstisch zurücktretend. »Lassen Sie hören, Freund. Aber vergessen Sie nicht, daß ich Sie kontrollieren und mit Hilfe davon in jedem Augenblick feststellen kann, ob Sie falsch Zeugnis reden. Also wenn ich bitten darf, ohne Parteinahme.«

»Gewiß, liebe Freundin. Aber werde ich pardoniert werden, wenn ich die Wahrheit sage?«

»Sie *sollen* sie sogar sagen. Ich liebe Wahrheit bis zur Leidenschaft. Es ist die Leidenschaft meiner reiferen Jahre …«

»Von denen Sie nicht sprechen dürfen, am wenigstens im Zusammenhange mit dem voraufgegangenen und Gott sei Dank trostreicheren Worte …«

James lachte, Markauer aber fuhr fort: »Nun also Norderney. Beginnen wir mit der Bodenbeschaffenheit. Da haben wir Dünensand, neuerdings intermittierend mit einem in allen drei Aggregatzuständen auftretenden Dünger. Oder wenn Sie wollen, Guano. Norderney soll nämlich à tout prix in einen Fruchtgarten umgewandelt werden, was mir vom Standpunkte der Agrikultur aus als ein höchst schätzenswertes, vom Standpunkte der Luftverbesserung aus aber als ein höchst fragwürdiges Unternehmen erscheint. Reine Luft ist selbstverständlich das dritte Wort, das man zu hören bekommt, aber nach meinen persönlichen Erfahrungen entstammt die diesen Namen führende, konstant über die Insel hingehende Brise keineswegs dem relativen Neuadel der Familie von Ozon, sondern der viel, viel älteren und eigentlich über jede Geschichte hinausgehenden Uradelsfamilie derer von Schwefelwasserstoff. Ich glaube, diese Bemerkung ohne

Gefahr von Widerspruch machen zu dürfen, denn die Hölle, wenn mich nicht alles täuscht, ist älter, war *vor* dem Himmel ...«

»Lassen wir das. Das sind zu schwierige Fragen, selbst für Sie, Markauer.«

»Und vielleicht«, fuhrt der Justizrat fort, »ist es in einem gewissen, wenn auch unaufgeklärten Zusammenhange mit dieser hygienischen über Norderney hinstreichenden Luftwelle, daß sich unmittelbar am Strand ein Barackenhotel aufgetan hat, unter dem herausfordernden Namen ›Giftbude‹, wohinter sich selbstverständlich, in feiner Selbstironie, das reinste Gewissen verbergen soll. Aber man kann in der Selbstironie zu weit gehn und ihr ungewollt den Stempel der Selbsterkenntnis aufdrücken.«

»Sehr gut«, unterbrach James.

»Nehmen wir zu dem allem noch eine Musikkapelle mit Lohengrin und Tannhäuser in Permanenz, des weiteren zwei Resedarondelle mit eingestreuten Levkojen und jeden dritten Tag einen Seehund, tot oder lebendig, so haben wir im wesentlichen Norderney. Dann und wann fahren auch Dampfschiffe nach Borkum oder Juist oder Spiekeroog, welche Fahrten sich als Vergnügungsfahrten ankündigen und in der Tat etwas zu versprechen scheinen. Aber nach dem bekannten Satze von den zwei Übeln, unter denen man das kleinere zu wählen habe, kann ich Ihnen oder jedem, der es mit seinem Vergnügen ehrlich meint, nur dringlich anraten, auf der Norderneyer Strandpromenade verbleiben zu wollen. Und dann, meine Gnädigste, muß es denn überhaupt etwas langweilig Meerumgürtetes sein? Wozu der ewige Strand? Ich persönlich bin für Berge, für Alpen, und wenn nicht Rigi, so wenigstens Brocken, und wenn nicht der Brocken, so wenigstens der Oybin.«

»Ja, der Oybin«, unterbrach hier Leontine. »Bei Zittau?«

»Sehr richtig. Brillant orientiert. Kennen Sie den Oybin?«

»Nein. Nicht ich, aber Lulu. Lulu war vorigen Herbst bei Tante Sarah in Zittau, leider nur knappe zehn Tage, weil die Michaelisferien zu kurz sind. Aber als sie wiederkam, hörten wir nichts als Oybin und wieder Oybin. Und Sie kennen ihn auch?«

»Eigentlich nicht, meine Gnädigste, wiewohl ich weiß, daß man eine gewisse, moderne Pflicht hat, alles zu kennen, wonach man gefragt wird. Aber der Wahrheit die Ehre. Ich nahm ihn nur so beispielsweise.«

»Nun denn«, entschied James, »da müssen wir notwendig Lulu rufen. Ich entsinne mich, daß wir ihr damals nicht zuhören wollten, denn wer läßt sich gern Aussichten oder Landpartien beschreiben? Aber nun kommt sie doch noch zu Ehren.«

Und bei diesen Worten ging er an das Telephon und rief in die Kinderstube hinauf: »Lulu. Lulu soll kommen.«

Und nicht lange, so hörte man ein Singen und Trillern auf der kleinen eisernen Treppe, die sich schlängelnd vom oberen Stock her in das Wohnzimmer hinabstieg, und einen Augenblick danach trat Lulu durch eine Tapentür ein, ein dreizehnjähriger Backfisch mit einem dicken, rotblonden Zopf, und ging, während sie dem Justizrate die Hand gab, auf den Vater zu, den sie heute noch nicht gesehen hatte. »Guten Tag, Papa.

Fräulein Oberlin ist noch oben. Aber es war wieder so furchtbar langweilig, daß ich froh war, als ich dich rufen hörte.« Und dabei stellte sie sich neben die Lehne des Fauteuils und ziepte den Vater an seinem Backenbart.

»Nein, Lulu, nicht so. Gefährde mir nicht das einzige, was noch festen Grund und Boden unter den Füßen hat. Jedes Haar ist mir heilig. Das verstehst du nicht, mit deinem dicken Zopf. Ich habe dich nicht gerufen, um zu zerstören, sondern um aufzubauen. Wir sitzen hier nämlich im Hohen Rat, und du sollst entscheiden ...«

»Ich weiß schon.«

»Was?«

»Was ihr vorhabt und wozu ich ja oder nein sagen soll.«

»Nun?«

»Die Singalesen.«

Alle drei lachten, was Lulu ruhig geschehen ließ, weil sie, die ganze Zeit über, eine zwischen allerhand Jam- und Marmeladenbüchsen stehende Schachtel beobachtet hatte, deren hellrote Frühkirschen ihr entgegenleuchteten. Sie wandte sich dann auch ohne weiteres von des Vaters Stuhl weg den Kirschen zu, die Steine mit vieler Ungeniertheit in die Hand pustend, während der Justizrat, seine kleinen Schweinsaugen immer kleiner machend, mit einer Art Feierlichkeit sagte: »Singalesen! Oder was dasselbe sagen will: Zoologischer Garten. Hm. Sollte sich in diesem Kindeswort etwas von höherer Weisheit bergen? Ich glaube beinah. Was kein Verstand der Verständigen sieht ... Ja, Lulu, du hast es getroffen. Oybin? Bah, Oybin ist noch viel zu weit, und ich behaupte mit jedem erdenklichen Nachdrucke, dies von unserer Lulu groß und ahnungslos in die Welt geschleuderte Wort ›Singalesen‹ enthält nicht nur (wenn auch noch verkapselt) das einzig Richtige, sondern deckt sich auch vollkommen mit den Weisheitsanschauungen meines verstorbenen Freundes Meddelhammer.«

Der Justizrat, als er glücklich bis an diese Stelle gekommen war, war natürlich auf dem Punkt, die vorläufig nur ganz allgemein angekündigte Meddelhammersche Weisheit in Gestalt einer kleinen Geschichte zum besten zu geben, James aber, der ein kleines Universalgenie war und, von Turf und Tattersall an bis zum Aquarell und lyrischen Gedicht hinunter, auf jedem denkbaren Gebiet dilettierte, hatte selbstverständlich auch eine Passion für vergleichende Sprachwissenschaft, Spezialität: Nomina propria, weshalb er, alle Reisepläne, ja selbst Oybin und Lulu momentan vergessend, den Justizrat mit einer gewissen Forscherfeindlichkeit interpellierte: »Meddelhammer. Eigentümliche Namensbildung. Ich vermute holländisch.«

»Wohl möglich«, warf der Justizrat leicht hin, der, wie begreiflich, lieber zu seiner Geschichte kommen, als über etwas so Gleichgültiges wie Meddelhammers Namensabstammung Rede und Antwort stehen wollte. James aber ließ nicht los und wiederholte nur: »Eigentümlich. Meddelhammer … Hammer ist bedeutungslos, weil Allerweltswort. Hammer ist Hammer. Aber *Meddel*-Hammer. Was ist Meddel? Meddel kann das englische Middle sein, aber auch Korrumpierung von unsrem deutschen Mädel. Ich muß mit einem

Die Sonnwendfeier der Münchner Künstler

Germanisten darüber sprechen. Middle-Hammer ist wahrscheinlicher, aber Mädel-Hammer ist amüsanter. Was meinen Sie, Justizrat, zu Mädelhammer?«

»Ich bitte dich, James, in Untersuchungen der Art nicht zu weit zu gehen und lieber auf deine nächste Nähe Rücksicht nehmen zu wollen. Es ist doch fraglich, inwieweit sich Lulu in die Kirschen vertieft hat.«

»Oh, sie hat sich gar nicht vertieft«, sagte diese. »Sie hat alles gehört. Aber wenn Papa weiter nichts sagt! ... Da hab' ich doch schon andres von ihm gehört.«

»Ich sehe schon«, fuhr James, seinem Pet einen dankbaren Blick zuwerfend, fort, »daß mit eurer Unwissenschaftlichkeit wieder mal nicht auszukommen ist. Ich lasse deshalb alles Sprachuntersuchliche fallen. Und nun sagen Sie mir, Markauer, was war das eigentlich mit Meddelhammer und seiner Reiseweisheit? Erzählbar?«

»O gewiß, wie Sie schon einfach aus seiner Lebensstellung ersehen können. Meddelhammer war nämlich Schulrat, und wiewohl ich im allgemeinen gegen Schulräte bin, weil sie sich in Extremen bewegen und entweder greuliche Pedanten oder frivole Zyniker sind (einen kannt' ich, bei dem es vorkam, daß ich errötete, nicht recht zu glauben, aber trotzdem wahr) – also wiewohl ich im allgemeinen *nicht* für Schulräte bin, so war ich doch für Meddelhammer. Wenigstens dann und wann. Und warum? Weil er ganz unschulrätliche, lichte Momente hatte.«

»Merkwürdig.«

»Allerdings. Und nun denken Sie sich, eines Tages begeb' ich mich ins Museum, um mir die pergamenischen Altertümer (*mir*, offen gestanden, etwas zu viel

Leiberverrenkungen) anzusehen, und als ich damit fertig bin und im Hinausgehen eben meinen Regenschirm wieder nehmen und mein Zwanzigpfennigstück, ich gebe nie mehr, aber auch nie weniger, in die Büchse tun will, da steht *wer* vor mir? Natürlich Meddelhammer. An und für sich nichts Staunenswertes. Aber *wie* stand er da? *Wie* stand er mir gegenüber? In einem sozusagen kecken, graumelierten Reiseanzug, mit einem Tirolerhut auf dem Kopf und einem Krimstecher an der Seite. Dazu Baedeker in der Hand und last not least die Frau Schulrätin mit einem merkwürdig modernen Rembrandthut neben ihm. ›Alle Wetter, Meddelhammer‹, sag' ich, ›wie kommen *Sie* hierher? Aber bitte, wollen Sie mich nicht zunächst Ihrer Frau Gemahlin vorstellen? … Sehr erfreut … Und in Berlin und in dieser Julihitze. Wir müssen heute dreißig Grad haben. Ich dachte, Sie wären in Ostende …‹«

»Scheint mir kostenpunktlich etwas zu hoch gegriffen«, unterbrach hier James.

»Kann sein. Aber Meddelhammer schien an dieser Finanz- oder Standeserhöhung keinen Anstoß zu nehmen, nahm mich vielmehr ohne weiteres unterm Arm, was er seit vielen Jahren nicht mehr getan hatte, weil ich in unserem Entwicklungsgange naturgemäß darauf verzichten mußte, kirchlich oder auch nur politisch ein Gegenstand seines Vertrauens zu sein, und sagte, während seine Rätin immer en ligne mit uns vorrückte: ›Lieber Freund, eh' ich Ihnen auf Ihr Erstauntsein antworte, kommen Sie hier mit uns über die Friedrichsbrücke. Da drüben ist ein kapitales Frühstückslokal, in dem ich schon seit drei Tagen mit meiner Frau das Frühstück nehme. Denn solange wanken wir hier schon herum. Etwas anstrengend, wie – trotz allem Entzücken, das wir die ganze Zeit über empfunden haben – nicht bestritten werden soll. Aber dafür sind wir mit dem Alten Museum auch fertig; morgen kommt das Neue an die Reihe und dann die Nationalgalerie. Darauf freuen wir uns am meisten. Und dann wollen wir hier herum mit dem Kupferstichkabinett den Schluß machen. Die Zeichnungen zu Dante von dem Botticelli sollen ja ganz ersten Ranges sein. Wobei mir einfällt, entsinnen Sie sich noch, Markauer, als wir zusammen Dante lasen? Auf dem Joachimstal, in Obersekunda. Sie wollten damals Dichter werden?‹ … Ja, meine gnädigste Frau Leontine, das hielt mir dieser Schulrat in Hörweite zweier Galeriediener vor, und ich konnt' ihm nicht einmal widersprechen, denn es war die Wahrheit.«

Lulu lachte ganz unbändig. »Onkel Markauer und Dichter werden … Onkel Markauer ein Dichter! Das ist aber doch zu komisch.«

»Da hören Sie's, gnädige Frau. Zum zweiten Male die höhere Kinderweisheit …«

»Naseweisheit«, korrigierte die Mutter und wollte weiter erziehn. James aber fiel ihr in die Zügel und sagte: »*Jetzt* nicht, Leontine. Keine Unterbrechungen. Markauer muß erst auserzählen. Dann können wir ja das Pädagogische wieder aufnehmen. Also …«

»… Also wir kamen glücklich in dem Restaurant drüben an und etablierten uns in einer Ecke, die Meddelhammer, zu meinem abermaligen größten Erstaunen, berlinisch-menschlich genug war eine ›schmustrige Ecke‹ zu nennen. Er habe sie schon ausprobiert. Und ich muß sagen, es *war* eine schmustrige Ecke:

großes Fenster in einer tiefeingebauten Nische und die Spiegelscheibe durch einen grünen Seidenvorhang derart geschlossen, daß man persönlich ganz unbemerkt saß, während man, durch einen Spalt hindurch, das ganze Straßentreiben deutlich beobachten konnte.«

»Hören Sie, Markauer, Ihr Meddelhammer imponiert mir. Und ein Schulrat, sagten Sie?«

»Nicht anders. Richtiger Schulrat. Aber hören Sie weiter, die letzten Trümpfe kommen noch. Ich war hungrig geworden, wie meistens, wenn ich mich eine Stunde lang ernsthaft mit Kunst beschäftige, und so rief ich denn den Oberkellner heran und fragte, was ich wohl haben könne? Wir einigten uns rasch über Bouillon mit Ei, Roastbeef und eine halbe Larose, wonach ich meinen Schulrat artig auffordernd ansah, etwa wie wenn ich sagen wollte: ›Mein lieber Meddelhammer, die Reihe des Bestellens ist nun an Ihnen.‹ Meddelhammer verstand mich auch vollkommen und beorderte nunmehr seinerseits zwei Gläser Portwein samt zwei Brötchen mit Chesterkäse, was mich doppelt überraschte …«

»Warum?«

»… und worüber ich mir eine kleine Bemerkung erlauben möchte, immer vorausgesetzt, daß unser lediglich wegen des Oybin heranzitierter Liebling einen solchen Exkurs gestattet.«

»Ich gestatte alles«, sagte Lulu, während sie die mittlerweile stark angesammelten Kirschkerne beiseite tat und sich die Hand an der Serviette putzte.

»Nun denn, was mir in dieser Meddelhammerschen Bestellung einen so großen Eindruck machte, war einerseits das spezifisch Englische, das sich darin aussprach, das Internationale, das gewiegt Reisekundige, während mir, auf der andern Seite, das bloß Imbißartige, das quantitativ Geringfügige der Bestellung beinah noch mehr imponierte. Denn ich bekenne gern, wenn ich etwas nennen sollte, was imstande wäre, mir auf dem gesamten Gebiete des Frühstücklichen den Begriff von ›wenig‹ auszudrücken, so würd' ich immer ein Brötchen mit Chesterkäse nennen. Namentlich jetzt, wo die Semmeln infolge der niedrigen Weizenpreise jeden Tag kleiner werden.«

»Sehr wahr. Die armen Bäcker. Nichts als Not und Sorge.«

»Nun«, fuhr Markauer fort, »ich sah auf der Stelle, daß Meddelhammer in meiner Seele wie in einem aufgeschlagenen Buche las (die Schulräte bilden alle so was von tieferer Menschenergründung aus), weshalb er, als zunächst meine halbe Larose und gleich danach die beiden Gläschen mit Portwein gekommen waren, mit mir anstieß und unbefangen sagte: ›Meine Frau und ich, lieber Markauer, müssen nämlich überaus vorsichtig operieren und unserem sehr angeregten Appetite Zaum und Zügel anlegen. Fast möcht' ich sagen, leider, denn drei Stunden Museum, mit immer neuem Sehen und Nachschlagen, sind wirklich kein Spaß, und ich beneide Sie da mit Ihrem Roastbeef und Ihrer Tasse Bouillon. Aber man muß sich in die Schule nehmen, auch wenn man ein Schulrat ist, oder vielleicht dann erst recht. Wir essen um fünf, und wenn man um zweiundeinhalb ein reichliches Gabelfrühstück nimmt, so sitzt man um fünf als ein Unwürdiger bei Tisch.‹«

»Aber fünf ist etwas spät«, warf James hier ein, der augenscheinlich die Tendenz verfolgte, den Schulräten neben den Bankiers eine bescheidene Stellung anzuweisen.

»Ganz meine Meinung«, entgegnete Markauer, »und ich nahm auch nicht Anstand, dieser meiner Meinung unverhohlen Ausdruck zu geben.«

»Und wie wurde das aufgenommen? Alle modernen Menschen sind ziemlich empfindlich in diesem Punkte.«

»Meddelhammer war es *nicht*«, fuhr Markauer fort. »Dazu war er doch zu klug. Er lachte nur und sagte: ›Fünf Uhr ist spät, natürlich, und wenn wir zu Hause sind, so essen wir gut bürgerlich um zwei. Nur keine Neuerungen, wo sie nicht nötig sind.‹ Ich meinerseits wollte selbstverständlich einlenken und alles wieder begleichen, er ließ es aber nicht dazu kommen und wiederholte nur: ›… *wenn* wir zu Hause sind. Wir *sind* aber nicht zu Hause, lieber Markauer, wir sind Reisende, ja, wenn Sie wollen, Berliner Stadtreisende. Als die Ferien anfingen, haben wir uns überlegt, *wohin*? und sind nach dreitägiger Beratung, in der wir mehr als fünfzig Plätze durchgenommen haben, zu dem Entschluß gekommen, *hier* bleiben und uns als Fremde mit Berlin beschäftigen zu wollen. Wirklich als Fremde. Denn eigentlich leben wir geborenen Berliner doch nur in Berlin, um unsre Hauptstadt nie kennenzulernen. Und nun sehn Sie, lieber Markauer, um diesem unpatriotischen Nonsens endlich ein Ende zu machen, und vielleicht auch um ein Beispiel zu geben, wie's einem Schulrate zukommt, haben wir an demselben Tage noch unsere Koffer gepackt und sind um zehn

Uhr abends, wo der große Pariser Zug ankommt, vor dem Hôtel de Rome vorgefahren, haben uns als vornehme Leute, sagen wir als Russen oder Engländer, den Tee aufs Zimmer bringen lassen und noch anderthalb Stunden lang aus dem Fenster gesehen. Es war entzückend. Über die Linden weg, die bekanntlich keine sind, schimmerten die hohen, erleuchteten Fenster von der Passage her, und alles wirkte wie spanische Nacht und Alhambra. Heut ist unser dritter Tag. Unter vierzehn Tagen tun wir's nicht, und wenn es uns gefällt, legen wir noch eine Woche zu!‹ So berichtete mir Meddelhammer, während wir im munteren Geplauder in der Fensternische saßen, bis er plötzlich die Uhr zog und zum Aufbruch mahnte. ›Wir sind nämlich jetzt regelmäßig von drei bis vier bei Kranzler‹, nahm er wieder das Wort, ›um etwas Eis oder eine Flasche Sodawasser zu nehmen und in jener Pedanterie, die mir sozusagen von Standes wegen zukommt‹ (und er lächelte hierbei), ›möcht' ich auch heute keine Ausnahme machen.‹ Und siehe da, eine halbe Stunde später saßen wir, ich mit, wirklich bei Kranzler, jeder bei seinem Panaché. Glücklicherweise kam auch ein Blumenmädchen und ich war in der angenehmen Lage, der Frau Schulrätin, einer übrigens allerliebsten Frau, die mehr an eine Rittergutsbesitzerin als an eine Schulregentin erinnerte, ein Bouquet überreichen zu können. Sie nahm es auch freundlich an und sagte, daß sie's bei Tische tragen würde. Dabei wies sie nach dem Hôtel de Rome hinüber, und gleich danach trennten wir uns. Und nun, meine gnädigste Frau Leontine, was sagen Sie zu solchem Schulrat und zu so vorbildlicher Reiseweisheit?«

Leontine schwieg, James jubelte: »Ich votiere, daß diesem Schulrat ein Denkmal errichtet werde, sagen wir ein Obelisk mit Inschrift und Sockelfiguren.«

»Welche?«

»Natürlich Meddelhammer in Front. Und daneben Kranzler und Mühling.«

»Versteht sich.«

»Vor allem aber Nacheiferung und Heeresfolge. Lulu, schenke dem Onkel Justizrat ein. So. Anstoßen. Es lebe Meddelhammer …«

»Meddelhammer und ein Sommer in Berlin!«

Washington Irving

DER DICKE HERR

Es war an einem verregneten Sonntag im trüben Monat November. Im Verlauf einer Reise hatte ich mir eine leichte Unpäßlichkeit zugezogen, von der ich mich nun erholte. Da ich noch immer ein wenig fieberte, sah ich mich gezwungen, einen weiteren ganzen Tag innerhalb von vier Wänden zu verbringen, und zwar in einem Gasthof der kleinen englischen Stadt Derby.

Ein regennasser Sonntag in einem Landgasthof!

Nur wer das sehr zweifelhafte Vergnügen hatte, derartiges einmal selbst zu erleben, kann sich in meine Lage versetzen. Der Regen prasselte gegen die Scheiben. Die Glocken riefen mit klagendem Schall zum Gottesdienst. Um wenigstens etwas dem Auge Angenehmes zu erblicken, trat ich ans Fenster. Doch es schien, als sei ich von allen Freuden der Welt ausgeschlossen. Die Fenster meines Schlafraumes gingen auf schindelgedeckte Dächer und ein Gewirr von Schornsteinen, die meines Wohnzimmers gaben den Blick auf den Hof samt den Stallungen frei. Ich weiß nichts, was mehr dazu angetan wäre, einen Menschen weltverneinend zu stimmen, als solch ein Hof an einem Regentag. Auf dem Boden lag überall nasses Stroh, von Reisenden und Stallburschen achtlos verstreut und zertreten. In einem Winkel hatte sich das Wasser rund um eine Insel aus Mist zu einem kleinen Tümpel gestaut. Unter einem Karren drängte sich zerzaustes Federvieh, dem Hahn hatte der beständige Guß allen Stolz ausgelaugt und alle Lebhaftigkeit davongespült. Ganz erbärmlich war er anzusehen, sein klatschnasser Schwanz war traurig gesenkt, und das Wasser, das dem Tier über den Rücken lief, tropfte davon herab. Neben dem Karren stand eine Kuh und ließ sich, im Dösen wiederkäuend, geduldig anregen, daß Dampfwolken von ihrer warmen Haut aufstiegen. Ein altes, halbblindes Pferd, der Einsamkeit seines Stalles überdrüssig, steckte den Kopf mit den unheimlich stumpfen, milchigen Augen aus einer Luke. Regen rieselte aus einer Dachtraufe über seine Nüstern. Ein jämmerlicher Köter, der dicht daneben an eine Hundehütte gekettet lag, ließ hin und wieder ein klägliches Jaulen hören. Eine Küchenmagd, ein derbes Weibsstück, klapperte in Holzpantoffeln durch den Hof, mit einem Gesicht so ungemütlich wie das Wetter selbst. Kurzum: alles war trostlos und elend, alles bis auf einen Trupp wetterharter Enten, die wie muntere Zechbrüder um eine Pfütze versammelt waren und bei ihrem trüben Naß einen Heidenlärm machten.

Ich fühlte mich verloren, in meiner Verdrossenheit lechzte ich nach ein wenig Zerstreuung. Mein Zimmer wurde mir bald unerträglich. Ich verließ es und begab mich in jenen Raum, der in der Zunft die Passagierstube genannt wird. Diese ist in den meisten Gasthöfen zu finden und jener Sorte von Landfahrenden vorbehalten, die man als Handelsreisende bezeichnet. Emsig durchstreifen sie zu Wagen, zu Pferd oder in der Postkutsche das Königreich und sind heutigentags meines Wissens die einzigen Nachfolger jener fahrenden Ritter vergangener Zeiten. Sie führen das gleiche unstete, abenteuerliche Leben, nur haben sie die Lanze mit der Reitpeitsche vertauscht, den Schild mit der Musterkarte und den Kettenpanzer mit dem bequemen Reisemantel. Statt die unvergleichliche Schönheit einer hohen Frau zu preisen und zu Ehren ihrer Minneherrin das Schwert zu schwingen, ziehen sie beflissen und geschäftig ihrer Wege, verbreiten und festigen den guten Ruf eines Kaufmanns oder Fabrikanten und sind zu allen Zeiten bereit, in seinem Namen Abschlüsse zu tätigen. Denn mittlerweile ist es eben Brauch geworden, miteinander zu handeln, statt zu fechten.

Ebenso wie der Raum einer Herberge in den guten alten Tagen der grimmen Sträuße zur Nachtzeit mit dem Gewaffen wegemüder Krieger behängt war, mit Kettenhemden, Schwertern und Helmen mit gähnenden Visieren, prangt nun in der Passagierstube das Rüstzeug ihrer Nachfolger: Kutscherkragen, Peitschen aller Art, Sporen, Gamaschen und Hüte in Wachstuchhüllen.

Ich hatte gehofft, einige dieser ehrenwerten Herren anzutreffen und ein Gespräch beginnen zu können, aber ich wurde enttäuscht. Es waren wohl ihrer zwei oder drei anwesend, doch mit ihnen wußte ich nichts anzufangen. Einer beendete soeben sein Frühstück, kaute mißvergnügt an seinen Butterbroten und schalt mit dem Kellner. Ein anderer knöpfte seine Gamaschen zu, unter vielen Verwünschungen für den Stiefelputzer, der seine Schuhe nicht ordentlich gewichst hatte. Der dritte saß beim Tisch, trommelte mit den Fingern auf der Platte und glotzte in den Regen, der über die Scheiben herabströmte. Sie schienen alle vom Wetter angesteckt und verschwanden einer nach dem anderen, ohne auch nur ein Wort gewechselt zu haben.

Müßig ging ich zum Fenster und starrte traumverloren die Leute an, die, mit Unterröcken bis zum halben Bein emporgerafft und tropfenden Schirmen, zur Kirche stelzten. Die Glockentöne verklangen, auf den Straßen wurde es still. Sodann vergnügte ich mich damit, die Töchter des Kaurimanns von gegenüber zu beobachten. Sie waren lieber zu Hause geblieben, weil sie fürchteten, ihren Sonntagsstaat zu verderben. Nun zeigten sie sich in ihrem ganzen Reiz in den Fenstern, um die zufälligen Bewohner des Gasthofes zu betören. Aber schließlich wurden sie von der strengen, sauertöpfisch dreinsehenden Mutter verscheucht, und jetzt hatte ich von der Außenwelt keine Ablenkung und Aufheiterung mehr zu gewärtigen.

Was sollte ich nur tun, um diesen langen, langen Tag auszufüllen?

Ich war meiner nervösen Unruhe und Einsamkeit rettungslos ausgeliefert. Alles, aber auch alles in solch einem Gasthof scheint eigens dazu erdacht, einen tristen Tag noch zehnmal trister zu machen! Alte Zeitungen, die nach Bier und Tabakrauch rochen und die ich bereits fast auswendig kannte. Wertlose Bücher, schlechter noch als das schlimmste Regenwetter. Ich langweilte mich bei einer alten Nummer des »Lady's Magazine« fast zu Tode. Ich las all die nichtssagenden, gebräuchlichen Namen, die geltungssüchtige Reisende auf die Glasscheiben graviert hatten. Oh, diese unsterblichen Familien der Smiths, Browns, Jacksons, Johnsons und all der anderen -sons! Und ich entzifferte einige Zeilen jener abgeschmackten Gasthoffenster-Reimerei, die ich in allen Teil der Welt gefunden habe.

Trostlos ging der Tag weiter. Schleppend und schwer zog die mißfarbige, schwammige Wolke dahin. Nicht einmal im Rhythmus des Regens gab es einen Tempowechsel – ein einziges, ödes, ständiges monotones Prassel-Prassel-Prassel … Hin und wieder horchte ich auf, glaubte, es käme ein kräftiger Schauer – aber es war nur das Sprühen der Tropfen auf einem vorbeigetragenen Schirm.

Wie aufmunternd war es doch, daß im Verlauf des Vormittags ein Hornruf erschallte und über die Straße eine Postkutsche heranrollte, außen überall mit Reisenden besetzt, die unter baumwollenen Parapluies dicht nebeneinander kauerten, in dampfenden, durchnäßten Mänteln!

Der Ton des Hornes scheuchte eine Gruppe von Jungen und Hunden, den Karottenschädel von einem Wirt, jenes absonderlich verwaschen wirkende Wesen, den Stiefelputzer, und all das Volk, das bei einem Gasthof herumlungert, aus geheimnisvollen Schlupfwinkeln. Aber das geschäftige Treiben währte nur kurze Zeit. Die Kutsche rasselte weiter, und Junge und Hund, Wirt und Stiefelputzer, alle krochen in ihre Löcher zurück. Auf der Straße wurde es wieder still, und der Regen, der regnete emsig wie zuvor. Keinerlei Hoffnung, daß sich der Himmel aufhellen werde. Das Barometer zeigte auf Regenwetter. Die schildpattfarbene Katze der Wirtin saß beim Feuer, säuberte ihr Gesicht und rieb die Pfoten an den Ohren. Als ich den Kalender zu Rate zog, fand ich eine abscheuliche Voraussage, die vom Kopf der Seite bis zum unteren Rand verlief, über die ganze Länge des Monats: »Um – diese – Zeit – viel – Regen – zu – erwarten.«

Mit Worten ist es nicht auszudrücken, wie trübsinnig mich all dies stimmte! Es schien, als würden die Stunden nie vorüberschleichen. Schon das bloße Ticken der Uhr war aufreizend.

Plötzlich wurde die Stille des Hauses durch das Klingeln einer Zimmerglocke unterbrochen. Kurz darauf hörte ich die Stimme eines Kellners an der Theke: »Der dicke Herr von Nummer 13 wünscht sein Frühstück. Tee, Butterbrote, Schinken und Eier, die Eier nicht zu lange gekocht.«

In einer Situation wie der meinigen mißt man jedem unerheblichen Vorfall erregende Bedeutung bei. Hier bot sich meinem dürstenden Geist Beschäftigung, und meine Phantasie begann die etwas erlahmten Schwingen zu heben. Ich habe die Neigung, für mich selbst aus allerlei Gedanken und Träumen Bilder zusammenzufügen. Wohlan, nun hatte ich einige Hinweise, um dann weiterzuspinnen!

Wäre der Gast im Oberstock als Mr. Smith oder Mr. Brown, Mr. Jackson oder Mr. Johnson oder einfach als »der Herr von Nummer 13« bezeichnet worden, dann hätte mir das gar nichts gesagt. Ich hätte nicht weiter darüber nachgedacht. Aber: »der dicke Herr«! Die bloße Bezeichnung hatte doch etwas Pittoreskes an sich. Man wußte sofort um die Gestalt des Betreffenden. Die Person gewann vor meinem geistigen

Auge Umrisse, und meine Vorstellungskraft tat das Übrige.

Er war also dick oder, wie manche es nennen, »behäbig«. Aller Wahrscheinlichkeit nach stand er in fortgeschrittenem Alter, denn viele Leute nehmen mit den Jahren an Umfang zu. Da er ziemlich spät frühstückte, noch dazu auf seinem Zimmer, mußte er wohl ein Mann sein, der es sich leisten konnte, sein Leben nach eigenem Gutdünken einzurichten, der Nötigung enthoben, zeitig aufzustehen. Kein Zweifel, ein rundlicher, rosiger, stattlicher alter Herr.

Dann wurde noch einmal heftig geklingelt. Der dicke Herr wartete schon ungeduldig auf sein Frühstück. Demnach war er offenbar ein Mann von Bedeutung, der in der Welt etwas galt. Daran gewöhnt, prompt bedient zu werden. Von gesundem Appetit und ein wenig mißmutig, wenn er hungrig war. »Vielleicht«, so dachte ich, »ist er ein Londoner Ratsherr. Oder, wer weiß, gar ein Mitglied des Parlaments?«

Das Frühstück wurde hinaufgetragen, dann gab es eine kurze Ruhepause. Nun trank er jedenfalls Tee. Plötzlich wurde wieder energisch geklingelt, und bevor jemand dem Ruf folgen konnte, ertönte ein neuerliches, noch schrilleres Glockenzeichen. Guter Herr, welch ein cholerischer alter Herr! Der Kellner kam sehr bestürzt die Treppe herab. Die Butter sei ranzig, die Eier seien zu lange gekocht, der Schinken zu stark gesalzen. Offenbar war der dicke Herr, was Speis und Trank betraf, sehr heikel. Einer von jenen, die das Essen bemängeln, den Kellner umherjagen und mit dem Hauspersonal auf gespanntem Fuß leben. Die Wirtin geriet in Zorn. Ich muß bemerken, daß sie eine schnippische, kokette Person war. Etwas widerborstig und ein wenig schmierig, aber alles in allem recht hübsch. Mit einem läppischen Gesellen, einem Einfaltspinsel als Gatten, wie die meisten herrschsüchtigen, störrischen Frauen. Sie schalt das Gesinde weidlich aus, weil dieses so sträflich nachlässig gewesen sei, und ungenießbares Frühstück hinaufzuschicken, aber sie sagte kein einziges abfälliges Wort über den dicken Herrn. Woran ich klar erkannte, daß er in der Tat ein Mann von Bedeutung sein müsse, dazu berechtigt, in einem Landgasthof Lärm zu schlagen und Beschwerde zu führen. Andere Eier, anderer Schinken, andere Butterbrote wurden hinaufgetragen und schienen gnädiger entgegengenommen zu werden, zumindest hörte man keine weiteren Unmutsäußerungen.

Ich hatte erst wenige Runden durch die Passagierstube gemacht, da schellte die Zimmerglocke wieder. Gleich darauf gab es eine aufgeregte Umfrage im ganzen Haus. Der dicke Herr wünschte die »Times« oder die »Chronicle«. Wie aufschlußreich! Er war also ein alter Tory oder, da er sich bei jeder Gelegenheit so absolut und herrisch zeigte, eher ein Radikaler.

Meine Neugierde erwachte. Ich erkundigte mich beim Kellner, wer dieser dicke Herr, der solche Unruhe verursache, denn eigentlich sei. Aber ich bekam keine Auskunft. Niemand schien den Namen zu wissen. Die Wirte von vielbesuchten Herbergen zerbrechen sich selten die Köpfe über Namen oder Beruf ihrer kurzfristigen Gäste. Die Farbe des Rockes, die Gestalt oder der Wuchs einer Person genügen, um einen Reisenamen anzuregen. Man ist entweder der große Herr oder der kleine Herr, der Herr in Schwarz oder der Herr in Schnupftabakfarbe oder, wie im besonderen Fall, der dicke Herr. Eine solche treffende Bezeichnung genügt vollauf und erspart alle weiteren Rückfragen.

Regen – Regen – Regen!

Erbarmungslos, ohne Unterlaß! Nicht daran zu denken, daß man einen Fuß vor die Tür hätte setzen können – und hier, innerhalb dieser vier Wände, keine Beschäftigung, keine Ablenkung. Schließlich hörte ich oben jemanden auf und ab gehen. Im Zimmer des dicken Herrn. Er war zweifellos ein gewichtiger Mann, davon zeugte die Schwere seines Tritts, und ein alter Mann, weil er so knarrende Sohlen trug. »Aha«, dachte ich, »ein reicher alter Pedant, der auf geregeltes Leben hält und sich nach dem Frühstück Bewegung macht.«

Nun las ich die Anzeigen von Postlinien und Hotels, all das Zeug, das am Kamin steckte. Das »Lady's Magazine« war mir bereits ein Greuel, es war so öde wie der Tag selbst. Ohne zu wissen, was ich tun sollte, schritt ich ziellos durch den Raum und begab mich endlich wieder auf mein Zimmer. Ich war noch nicht lange oben, als es im Schlafzimmer nebenan ein großes Spektakel gab. Eine Tür wurde geöffnet und heftig zugeschlagen. Das Stubenmädchen, dessen rötliches, gutmütiges Gesicht mir bereits aufgefallen war, eilte verstört und in höchster Empörung die Treppe hinab.

Der dicke Herr hatte sich ungebührlich benommen!

Damit ging sofort ein ganzer Schock meiner Vermutungen und Schlüsse zum Teufel. Dieser Unbekannte konnte kein alter Herr sein, denn alte Herren sind nicht so geräuschvoll mit Stubenmädchen. Er konnte aber auch kein junger Herr sein, denn junge Herren erregen nicht solche Entrüstung. Also mußte er ein Mann mittleren Alters sein und recht widerlich obendrein, sonst wäre das Mädchen nicht so ergrimmt davongerannt. Ich muß gestehen, daß ich nun überhaupt nicht mehr wußte, was ich von dem dicken Herrn halten sollte!

Wenige Minuten später hörte ich die Stimme der Wirtin. Ich konnte einen Blick auf sie werfen, als sie mit festen Schritten die Treppe heraufkam. Ihr Gesicht glühte, ihre Haube leuchtete, ihre Zunge war die ganze Zeit in Bewegung: solche Dinge dulde sie nicht in ihrem Haus, das werde sie eindeutig erklären. Wenn sich Herren auch freigebig erzeigten, sei dies nicht der Brauch. Sie ließe ihre Mädchen nicht so behandeln, wenn diese ihre Arbeit ordentlich verrichteten. Derartiges ließe sie sich nicht bieten.

Da ich Zwistigkeiten verabscheue, besonders mit Frauen und vor allem mit hübschen Frauen, zog ich mich wieder in mein Zimmer zurück, schloß aber die Tür nicht ganz, denn ich war aufs äußerste gespannt, ich mußte einfach lauschen. Nun, die Wirtin marschierte unerschrocken vor die Zitadelle des Feindes und trat zum Sturmangriff an. Die Tür klappte hinter ihr zu. Ich hörte die Frau in zornig erhobenem Ton ihre Rede beginnen, aber nur zwei Herzschläge lange, dann wurde ihre Stimme gedämpft und klang nicht schärfer als der Wind, der im Dachboden säuselt. Schließlich trillerte ein Lachen auf, dann hörte ich nichts mehr.

Nach einer kleinen Weile kam die Wirtin mit einem seltsamen Lächeln wieder heraus, an ihrer Haube nestelnd, die ein wenig verschoben war. Als sie hinabging, hörte ich den Wirt fragen, was denn eigentlich los gewesen sei. Sie aber sagte: »Ach, nicht der Rede wert. Das Mädchen ist ein dummes Ding.« – Was, bei allen Göttern, sollte ich von dieser unberechenbaren Persönlichkeit denken? Ein Mann, der ein gutmütiges Stubenmädchen dermaßen in Harnisch bringen konnte und eine zänkische Wirtin mit Leichtigkeit freundlich stimmte? Er konnte doch nicht so alt und widerwärtig oder gar häßlich sein …

Ich mußte also erneut zu Werk gehen und sein Bildnis in völlig anderen Tönungen malen. Nun stellte ich ihn mir als einen jener dicken Herren vor, denen man häufig in Landgasthöfen begegnet, wenn sie breitbeinig durch die Stube schreiten. Feuchtfröhliche Gesellen mit getupftem Halstuch und einem Bäuchlein, das seine Rundung nicht zuletzt dem Gerstensaft verdankt. Männer, die die Welt gesehen haben und das Tavernenleben gewöhnt sind, alle Kniffe der Bierzapfer kennen und wohlerfahren sind mit abgefeimten Wirten. Schlemmer, die alle Kellner beim Vornamen nennen, mit den Mädchen schäkern, mit der Wirtin an der Theke plaudern und nach dem Essen bei einem großen Port oder einem Glas Negus weitschweifig erzählen.

Diese und ähnliche Mutmaßungen beschäftigten mich, und darüber verging der Vormittag. Aber sobald ich ein System von Theorien aufgebaut hatte, wurde es durch eine Regung des Unbekannten völlig umgestoßen, und mir blieb nichts als ein Trümmerhaufen von Erwägungen. So gerät das erhitzte Gemüt des Einsamen auf wirre Pfade. Ich bin, wie ich sagte, äußerst

Sitzender Mann mit Weinflasche

empfindlich, und das dauernde, bohrende Nachdenken über dieses mir unsichtbare Wesen begann seine Wirkungen zu zeitigen. Meine Unruhe steigerte sich bis zu nervösen Schwächezuständen!

Die Mittagszeit kam heran. Ich hoffte, daß der dicke Herr in der Passagierstube speisen würde, dann bekäme ich ihn endlich, endlich zu Gesicht. Aber mitnichten – er ließ sich das Mittagessen auf seinem Zimmer servieren. Wie sollte man diese geheimnisvolle Zurückhaltung deuten? Er konnte doch kein Radikaler sein, es lag etwas zu Aristokratisches in der Art, wie er die übrige Welt mied und in strenger Selbstbescheidung während eines Regentages am Umgang mit sich selbst Genügen fand. Und für einen unzufriedenen Politiker tafelte er auch zu üppig. Er schien sich an einer Vielzahl von Gerichten zu delektieren und saß nun wohl beim Wein, ein fröhlicher Freund des guten, genießerischen Lebens. In der Tat, meine Zweifel über seine Anschauungen wurden bald beseitigt. Denn er konnte seine erste Flasche noch nicht geleert haben, als ich ihn leise eine Melodie summen hörte. Da ich angestrengt lauschte, erkannte ich die Hymne »God Save the King«. Ganz klar, er war also kein Radikaler, sondern ein königstreuer Untertan. Einer, der beim Trunk loyal wird und bereit ist, zum Monarchen und zu der Verfassung zu stehen, wenn er auch sonst nicht mehr zu stehen vermag.

Aber wer mochte er nur sein? Wer?!

Ich verstieg mich zu abenteuerlichen Vermutungen. Doch nicht etwa gar eine hochgestellte Persönlichkeit, die inkognito reiste? »Gott weiß es«, sagte ich, mit meiner Weisheit am Ende. »Vielleicht ist er ein Mitglied der königlichen Familie, denn diese sind ja alle dicke Herren!«

Das Wetter war unverändert: Dauerregen. Der geheimnisvolle Unbekannte blieb auf seinem Zimmer, und soweit ich das beurteilen konnte, rührte er sich nicht aus seinem Stuhl, denn ich vernahm keinen Laut. Die Stunden verflossen, und mittlerweile bevölkerte sich die Passagierstube. Reisende, die soeben eingetroffen waren, betraten den Raum, bis zum Hals in Mäntel geknöpft. Andere kehrten von ihren Rundgängen in der Stadt zurück. Manche nahmen ihre Mahlzeiten ein, manche tranken Tee. Wäre ich in anderer Stimmung gewesen, dann hätte es mir außerordentliches Vergnügen bereitet, diese eigenartige Sorte von Menschen zu studieren. Zwei waren darunter, richtige Spaßvögel der Landstraße, die sagten der Kellnerin tausenderlei neckische Dinge, nannten sie Luisa und Ethelinda, gaben ihr auch noch andere klingende Namen und belustigten sich ungemein an ihren eigenen Scherzen. Aber mein Sinn war völlig von dem dicken Herrn beherrscht. Er hatte meine Phantasie den langen Tag hindurch in Bann gehalten, wie die Witterung des Wildes die Herzmeute für alle andere blind und taub macht, und ich war entschlossen, mich nun keinesfalls von der Fährte abbringen zu lassen.

Allmählich wurde es Nacht. Die Handelsreisenden lasen die Zeitungen mehrmals durch. Einige setzten sich rund um das Feuer und erzählten lange Geschichten über Pferde, Abenteuer und Wagenbrüche. Sie erörterten den Ruf verschiedener Kaufleute und Herbergen. Und die beiden Witzbolde gaben einige vortreffliche gepfefferte Schnurren über hübsche Kammerjungfern und gefällige Wirtinnen zum besten. Dabei schlürften sie in behaglicher Ruhe ihren Schlaftrunk, große Gläser mit Branntwein, Wasser und Zucker oder ähnlichen Mixturen. Hierauf läuteten sie, einer nach dem anderen, dem Stiefelputzer und dem Stubenmädchen und begaben sich in alten Schuhen, die als herrlich unbequeme Pantoffeln zurechtgeschnitten waren, zu Bett.

Nur ein Mann war geblieben, ein kurzbeiniger und kurzatmiger Geselle mit langem Rumpf und unförmigem, strohfarbenem Schädel. Er saß für sich allein, mit einem Glas Portwein-Negus und einem Löffel. Trank einen Schluck, rührte um, sann vor sich hin, trank wieder einen Schluck, rührte wieder um – so lange, bis nichts mehr im Glase war. Allmählich schlief er ein, stocksteif in seinem Stuhl sitzend, das leere Gefäß vor sich. Auch die Kerze schien einschlafen zu wollen, der Docht wurde lang und schwarz, begann zu schwelen – die Dämmerung im Raum verdichtete sich –, die Düsternis, die sich nun senkte, jagte mir Schauer über den Rücken – hingen ringsum nicht die formlosen, fast gespenstischen Gewänder abgeschiedener Reisender, die längst den langen Schlaf schliefen? Ich lauschte gespannt, hörte aber nur das Ticken der Uhr, die tiefen Atemzüge der ruhenden Trunkenbolde und das Tröpfeln des Regens – tropf – tropf – tropf – tropf – aus den Traufen des Hauses. Die Kirchenglocken schlugen Mitternacht. – Plötzlich begann der dicke Herr oben langsam auf und ab zu gehen. All dies war äußerst unheimlich oder schien mir in meiner damaligen nervlichen Verfassung jedenfalls so. Diese schemenhaften Überröcke, dieses kehlige Schnaufen, die knarrenden

Schritte dieses mysteriösen Wesens! Oben wurde es immer leiser, schließlich war kein Tritt mehr zu hören. Das konnte ich nicht länger ertragen, ich hatte mich in die Verzweiflung des Helden einer Romanze hineingesteigert. »Mag er sein, wer oder was er will«, sagte ich zu mir selbst, *»ich muß ihn sehen!«*

Eine Zimmerkerze packend, eilte ich hinauf zu Nummer 13. Die Tür war offen – ich zögerte, trat ein – das Zimmer war leer. Beim Tisch stand ein großer, mit Knöpfen gesäumter Lehnstuhl, auf der Platte funkelte ein leeres Weinglas, daneben lag ein Exemplar der »Times«, und im ganzen Raum roch es stark nach Stilton-Käse.

Der geheimnisvolle Fremde hatte sich offenbar soeben zurückgezogen. Bitter enttäuscht begab ich mich zu meinem neuen Quartier, das gegen die Straße zu lag. Als ich durch den Korridor schlich, sah ich vor der Tür eines Schlafzimmers ein Paar große Stiefel mit kotbespritzten gewichsten Schäften. Ohne Zweifel gehörten sie dem Unbekannten. Aber es war nicht ratsam, eine so unberechenbare Persönlichkeit im stillen Kämmerlein zu stören. Weiß Gott, der Patron könnte eine Pistole oder etwas noch Schlimmeres auf meinen Kopf abschießen! Ich ging zu Bett, lag aber die halbe Nacht in schrecklicher Unruhe wach. Und als ich endlich einschlief, geisterte schattenhaft, doch mit gewichsten Stiefeln, der dicke Herr durch meine Träume.

Mein Erschöpfungsschlaf währte bis tief in den nächsten Morgen, ich wurde erst durch Stimmengewirr und Lärm im Haus geweckt. Zuerst wußte ich mir dies Treiben nicht zu erklären, bis ich, hellwach geworden, begriff, daß eine Postkutsche abfahrbereit vor dem Tor stand. Und plötzlich schallte von unten ein Ruf:

»Der Herr hat seinen Schirm vergessen! Holt den Schirm des Herrn von Nummer 13!«

Gleich darauf hörte ich ein Stubenmädchen hurtig auf dem Korridor hin- und herlaufen und mit schriller Stimme antworten: »Hier! Hier ist der Schirm des Herrn!«

Der mysteriöse Unbekannte wollte also abreisen. Jetzt! In diesem Moment! Dies war für mich die einzige, die letzte Gelegenheit, ihn zu Gesicht zu bekommen! Ich sprang aus dem Bett, stolperte zum Fenster, riß die Vorhänge zur Seite – und sah gerade noch den Rücken eines Mannes, der eben den Wagen bestieg. Die Schöße eines braunen Rockes teilten sich und gaben mir den vollen Anblick eines gewaltigen Hosenbodens und zweier sandfarbener Hosenröhren frei. Der Wagenschlag schloß sich – ein kurzer Ruf: »Los!« – die Kutsche rollte davon – und das war alles, was ich jemals von dem dicken Herrn sah!

Wilhelm von Merckel

AUS DEM POSTWAGEN

Vor dem »Rothen Kameel« auf dem Marktplatze der getreuen Stadt Pritzow, sieben Meilen von der Residenz, hielt die Personenpost, welche, die Nacht durch, noch andere sieben Meilen bis zur Kreisstadt Stöbern zu fahren hatte.

Es war Ende März und bereits mehr Nacht als Abend. Straßenbeleuchtung war dem Pritzower Kämmerei-Etat unbekannt, und die Bürger hielten auf ihr gutes, altes, deutsches Recht, nur bei schweren Gewittern ihre Hauslaterne bereit zu halten. Aus dem Parterrefenster der Post-Expedition versandte die Amtslampe einen durch ihren grünen Augenschirm noch gedämpften Lichtstreif hinaus in die Kommunalschatten und ließ notdürftig unterscheiden, was in nächster Umgebung passierte.

Seitwärts vom Wagen stehend, blies der Postillon eben zum dritten Male den gleichgültig ragenden Häusern das Signal zu, daß, wer nun nicht bald komme, ganz daheim bleiben könne.

Drei Passagiere gab's heute nur. Der erste war eine durchgehende Nummer aus der Residenz; der andere saß mit exemplarischer Pünktlichkeit schon, seit die Post hier hielt, im Wagen; der dritte kam jetzt eben, durch die drohende Fanfare in rascheres Tempo gebracht, über den Markt heran. Als er in Sicht kam, wickelte der Schwager seine Trompete auf den Rücken, schob den Mann samt Reisesack in den Wagen, warf die Türe ins Schloß, steckte den Begleitzettel, den ihm der Expedient durchs Schiebfensterchen reichte, ins Hutfutter, kletterte zu Bock, verabfolgte seinem in tiefes Nachsinnen versunkenen Dreigespann mit kaltblütiger Gründlichkeit die offiziellen Ermunterungshiebe, und rasselte, ohne den Frieden der Bürgerstunde durch weitere Musik zu stören, von dannen. Fünf Minuten später drückte die für heute außer Dienst tretende Postlampe ihr Auge zu, und die gute Stadt war stiller und finsterer denn je.

Ebenso finster und still war's in dem Postwagen, der jetzt auf kreisständischer Lehm-Chaussee die unter dem grauschwarzen Nachthimmel in schlaftrunkener Öde ruhende Landschaft dumpf und einsam durchrollte. Das reglementsmäßige Nachtlicht, welches an der Front des Wagens leuchten sollte, hatte mit dem durch eine geplatzte Laternenscheibe eindringenden Zugwinde gekämpft und längst das Zeitliche gesegnet.

Von den vier Menschen, welche der Wagen trug, schlief derjenige am ersten, dem es am letzten zukam, der Postillon. Wie wenn er vom Kutschieren nur träumte, zog er dann und wann probeweise ein Augenlid halb auf, schüttelte die schlaffhängenden Zügel, streifte mit der Peitsche über die Hinterteile der Gäule weg und nickte sofort wieder ein.

Das Passagier-Kleeblatt dagegen, wiewohl es bei der absoluten Lichtlosigkeit seines Verhältnisses recht eigentlich aufs Schlafen angewiesen war, befand sich noch in schlafloser Verfassung; wenigstens konnte jeder das Wachsein der andern an den wiederholten Bestrebungen erkennen, denjenigen Zustand ausfindig zu machen, den man selbst in unseren veredelten Post-Chaisen zu vermissen nicht außer Stand gesetzt ist, nämlich eine nichts zu wünschen übrig lassende Bequemlichkeit.

Am ehesten war die durchgehende Nummer dahin gelangt, ihre Situation leiblich zu begründen.

Dieser Passagier war offenbar unter den dreien am meisten auf Nachtfahrten eingerichtet. Über einem wärmenden seidenen Steppwamse trug er einen wohlverwahrenden doppelten Büffelpaletot; die weiche, flockhaarige Felbelmütze war über die Ohren und bis an die Augenbrauen gezogen; das Pedal steckte in einem geräumigen Fußsack, dessen Deckel die Weihnachtsstickerei seiner jüngsten Tochter trug; Stock und Regenschirm lagen brüderlich in einer Lederhülse auf dem leeren Rückplatze gegenüber; und mit langsam behaglichen Zügen eine wohlkonditionierte Zigarre genießend, lehnte der Besitzer von Nr. 1 in geheimnisvoller Zurückgezogenheit und diagonaler Verlängerung in seiner Ecke, von wo aus nichts von ihm sichtbar war und sein Dasein signalisierte als daß wechselnde Leuchtfeuer seines Glimmstengels.

Aus dieser seiner gemütlichen Einsiedelei in glücklicher Unanfechtbarkeit in die mitternächtigen Finsternisse der Umgebung blickend, überließ er sich dem Vorteil seiner Lage und widmete seine unfreiwillige Muße der stillen Beobachtung seiner wenigstens hörbaren Reisegefährten.

Er war weder Tourist noch Weinreisender; wenn er vom Reisen Profession machte, geschah es von Amts wegen. Als Schulrat war er die ambulante Vorsehung und der periodische Heimsucher der Gymnasien und Seminarien der Provinz. Sein auch ohne Brille stets bewaffnetes Auge war gewohnt und geübt, in die Herzen der Lehrenden und die Köpfe der Lernenden zu schauen; er prüfte die Nieren der Trutzigen und wog die Gedanken der Zagenden; er wußte von den einen so gut, was sie wußten, als von den andern, was sie nicht wußten; er kannte seine Leute, wie ein richtiger Hirt seine Herde, und dieser langjährige Beruf der Geister-Rubrizierung und Kapazitäten-Katastrierung war ihm nachgerade zum Privatvergnügen geworden.

Die obligate Langeweile dieser seiner Dienstausflüge verkürzte er sich zwar, wie andere vernünftige Leute, durch Lektüre von Büchern, für die er zu Hause keine Zeit fand; aber nur, solange er allein fuhr. Sobald Gesellschaft kam, war diese sein Zeitvertreib, nicht sowohl durch Gespräche, die oft nur eine andere Art von Langeweile erzeugen, als vielmehr, indem er sich die Aufgabe stellte, methodisch zu erraten, in was für Gesellschaft er sich befinde. Bei Tage wurde ihm dies zuweilen nur allzu leicht gemacht; bei nächtlicher Reise wuchs der Reiz mit der Schwierigkeit; und zu einem solchen Exerzitium angewandter Pädagogik (denn er tat's nicht aus Neugierde, sondern aus Lust an psychologischen physiognomischen Experimenten) hatte er jetzt sich zurückgesetzt.

Ein Menschenforscher wie er brauchte die beiden Reisegefährten nur nacheinander einsteigen zu sehen, um wahrzunehmen, daß ihre Naturen einander ebenso entgegengesetzt seien als die Plätze, auf denen sie einander gegenüberzusitzen kamen.

Als der jetzige Inhaber von Nr. 2 vor dem »Rothen Kameele« in Pritzow den ersten Fuß auf die unterste Sprosse des Postkutschen-Fallreeps gesetzt hatte und noch ehe er weiter klomm, bot er schon von unten zum Wagen hinauf der unbekannten Menschheit darinnen im voraus einen Gesamt-Gutenabend; und als er dann bei dem einsamen Schulrat im Dunkel vorsichtig vorbeistieg, begrüßte er diesen nochmals besonders höflich als einen achtungswürdigen Fremden und zugleich traulich als einen willkommenen Partner für die ungewissen Schicksale der Nachtfahrt. Sobald er die Nummer seines Platzes ausfindig gemacht hatte, verhehlte er seinem unbekannten Genossen nicht, wie glücklich er sei, sich im Fond des Wagens ansässig zu wissen, denn in seiner Familie sei es bis ins dritte und vierte Glied Erbübel gewesen, nicht rückwärts fahren zu können, weil Fahren überhaupt nicht zu ihren Gewohnheiten gehört habe. Inzwischen probierte er für ein kleines, pralles Bündel bald diesen, bald jenen schicklichsten und zuverlässigsten Verwahrungsort aus, dessen Vorteile oder Bedenken er gewissenhaft kommentierte; und nachdem er endlich auseinandergesetzt hatte, wie es am zweckmäßigsten sei, das »Omnia mea mecum« durch Niederlegung hinter die eigenen Fersen zu sichern, füllte er die nunmehr erlangte Muße mit gespannter Aufmerksamkeit auf jede Bewegung des Postpersonals, jedes Rütteln der Pferde und mit Hypothesen über baldige Abfertigung oder längern Aufenthalt aus, ohne sich beirren oder ermüden zu lassen, daß derjenige, an dessen Adresse alle diese Aphorismen gingen, ihm nach flüchtiger Erwiderung des ersten Grußes lediglich die Mühe und Freiheit des Selbstgesprächs überließ und es vorzog, das Signalement dieses kleinen, hagern, unruhigen Männchens in schwarzem, knappem Mäntelchen, weißer steifleinener Zipfelhalsbinde und schwarzer Mütze mit kolossalem Tellerdeckel, sich in die Seele hinein zu daguerreotypieren.

Nummer 3 dagegen, der zuletzt gekommene, eine untersetzte Figur handfesten Schlages mit rotbraunem Angesicht, fuhr, weil er sich beim hastigen Einsteigen die Hutkappe beinahe einstieß, statt des Grußes mit einem Fluche durch die Wagentüre, trat beide Insassen nach einander ohne Entschuldigung auf die Füße, warf sich mit einem Stoßseufzer, der wie das Pusten einer Lokomotive klang, neben seinen Reisesack in die Ecke seines Rückplatzes, stemmte seinen Stock zwischen die Beine, die Hände auf den Stockknopf, das Kinn auf die Hände und stierte links durchs Fenster ins Weite, bis die Post abfuhr.

Vor diesem anscheinend tiefgrimmigen Vis-à-vis und gefährlichen Gegenfüßler war die Redseligkeit des andern augenblicklich verstummt. Der Schulrat füllte diese Pause damit aus, vorläufig im Geiste festzustellen, daß der magere Schwarze entweder ein kunstreisender Klavierstimmer oder ein vagierender Winkel-Konsulent sei, und der rötliche Dicke ebensogut ein Schmiedemeister wie ein Bierbrauer sein könne.

Kaum hatte indessen der Postwagen das dem Trommelfelle und dem Zwerchfelle gleich verderbliche Steinpflaster des Pritzower Weichbildes hinter sich, und das leise Klirren und Knattern der Ketten und Räder machte die Möglichkeit artikulierter Töne wiederum wahrscheinlich, so kehrte dem Eingeschüchterten auch der alte Drang und neuer Mut zurück, und sein Versuch, das Bedürfnis nach Unterhaltung zu befriedigen, streckte, wie eine in ihr Haus retirierte Schnecke, langsam und leise die Fühlhörner wieder ins Freie.

Seine nächste Andeutung, daß die Nacht ziemlich finster sei, verfing nichts; der Untersetzte hielt offenbar diese Wahrheit für zu handgreiflich, als daß es ihm der Mühe lohnte, darüber ein Wort zu verlieren.

Kontroverser und darum zur Entzündung eines Diskurses durch Meinungsfriktion tauglicher, konnte die nach einer Pause hingeworfene Bemerkung erscheinen, daß wiewohl das Frühlings-Äquinoktium vorüber, die Nächte doch noch merklich frisch seien. Aber auch hierauf erfolgte nichts als Schweigen ringsum. Vergebens hatte er sich dabei die Hände herzhaft gerieben und den kleinen Stehkragen seines Mäntelchens noch etwas aufrechter gezupft. Vergebens half er seiner Thesis dadurch nach, daß er das Wagentürfenster halb in die Höhe zog. Er erreichte nichts, als daß der andere, der alle fünf Minuten sich furchtbar räusperte und seine chronische Verschleimung periodisch mit einem scharfen Schusse in die freie Natur erleichterte, in der nächsten Minute behufs dieser Abfeuerung dasselbe Fenster wieder herab und zu seiner Bequemlichkeit oder aus Vergeßlichkeit offen ließ.

Der abermals Abgeblitzte wartete abermals eine Weile; dann zog er seine schwarze Schnupftabaksdose hervor, schnalzte mit dem Mittel- und Zeigefinger wie zur Ankündigung seines Vorhabens, zweimal auf den runden Holzdeckel, öffnete und präsentierte die Dose dem Schweigsamen mit der erwartungsvollen Frage: »Ob er ihm dienen könne?« Dieser aber vereitelte den Anschlag, ihm wenigstens einen ablehnenden Dank abzunötigen, einfach dadurch, daß er die Prise, ohne zu danken, nahm und verbrauchte, ohne auch nur zu niesen und dadurch wenigstens Gelegenheit zu einem Glückwunsche zu geben. Er hatte auch bereits in der triumphierenden Überzeugung, daß hierauf jedenfalls mit Ja oder Nein, also doch überhaupt geantwortet werden müsse, die Frage auf der Zunge: »Ob der Herr rauche?«

Aber in diesem Augenblicke des Ansatzes zur Attacke fuhr ihm durch das offene Fenster, das er nochmals zu schließen nicht riskierte, die Märzluft so unlenzig ins Gesicht, daß er unwillkürlich eines wollenden Shawls gedachte, den er in unvorsichtiger Zerstreutheit, statt an seiner Person, in seinem Bündel untergebracht hatte.

Unter dem Eindrucke und in Folge dieses Bedrängnisses geriet er in eine eben so aufregende, als für die andern unverständliche Tätigkeit. Denn er, der bis dahin äußerst geräuschlos und ehrbar gesessen hatte, tastete plötzlich unter sich, über sich, neben sich; aber überall griff er in ein horribile vacuum; mit der Zahl seiner vergeblichen Versuche wuchs die Hast derselben, und jede dieser Evolutionen begleitete er mit einem immer atemloseren und lautloseren: »Hm! hm! Ei daß dich –« usw.

Der Schweigsame, der bisher unbeweglich auf seinem Stocke gelehnt und durchs Fenster gestiert beziehungsweise gespuckt hatte, schielte bei diesem ungewohnten Rappeln, Rücken und Rutschen, Suchen,

Tappen und Fühlen wie der Leu auf die raschelnde Maus seitwärts auf den Beweglichen und sah ihm eine Weile zu, was er wohl treibe. Endlich mit einem Tone, der aus einem Teil Neugier, zwei Teilen Ungeduld und drei Teilen Ironie zusammenklang, fragte er, ohne seine Position zu ändern, den Schatzgräber: – Haben Sie Schneiden im Leibe? Oder Wanzen im Polster?

– Nein! erwiderte dieser in aufrichtigstem Ernst. Denn die Plötzlichkeit der Frage und der Grundsatz des Fragers setzten ihn sogar außer Stand, die Ursache seiner Rührigkeit zu entwickeln; er gab auf der Stelle seine Forschungen auf, beruhigte den Beunruhigten schleunigst durch erzwungene Ruhe, und versäumte in seiner Verbflüffung selbst die unerwartet günstige Gelegenheit, die Unterhaltung anzuknüpfen.

Auf die Dauer war jedoch diese Abstinenz unmöglich. So lange sein Gegenmann unbeweglich blieb, rührte auch er sich nicht. Sobald jener aber, worauf er mit listiger Berechnung lauerte, einen seiner periodischen Kernschüsse abfeuerte, tauchte er, den unbeobachteten Moment nutzend, mit der Verzweiflung des letzten Entschlusses gleichsam unter sich selbst unter und sondierte mit gewaltsamer Angst den Grund der Kutsche, dem er seine Habe anvertraut hatte. Mit glücklichem Griffe faßte er jetzt auch das Gut in der Tiefe; aber, o Tücke!, es lag verzaubert fest, wie angenagelt. Er faßte wiederholt an, lüftete, rückte, zog und zerrte, als sei er im Begriffe, den Fischzug Petri zu heben.

– Was Sakerment arbeiten Sie denn da unten zusammen? Sie stoßen mir ja die Zähne in den Hals! fuhr der andere, dessen auf den Stockknopfe ruhender Unterkiefer ruckweise erschüttert wurde, plötzlich auf und mit dem Stock bei Seite. Im selbigen Augenblicke war der Zauber gelöst, und das Bündel schnellte mit dem Taucher empor.

– Entschuldigen Sie, sprach dieser mit aller versöhnlichen Heiterkeit, deren er habhaft werden konnte, während er an seinem Bündel eine verhängnisvolle Vertiefung befühlte. Entschuldigen Sie, wenn dieses Päckchen gerade dahin zu liegen gekommen ist, wo Sie die Stockzwinge aufzusetzen die natürliche Veranlassung hatten, und zwar, wie ich besorge, so lange, als wir unterweges sind.

– Na! Wenn Sie nur keinen Kuchen drin haben! mit diesem trockenen Troste machte der Stockbesitzer, indem er seine vorige Positur wieder einnahm, seine Mitschuld an etwaiger Havarie des angebohrten Bündelbesitzers etwas kurz ab. Dieser aber, während er seinem Schaden resigniert nachgrub und sich glücklicherweise getäuscht fand, warf dem Troste die etwas zugespitzte Antwort nach: – Danke für freundliche Teilnahme! Der Kuchenzahn ist unsereinem längst ausgezogen!

Diesen Streifschuß hielt der Fensterschütze zwar, ohne die kleine Blessur merken zu lassen, auf seinem Stockknopfe aus, und es trat sozusagen eine Pause gegenseitiger Verdauung ein, welche der Schulrat zu der Überlegung benutzte, ob mit größerem Rechte der Tröster grob oder der Getröstete friedfertig zu nennen sei.

Aber harpuniert von dem wehmütigen Humor war der Walfisch doch. Er mochte wohl fühlen, daß der den Kuchenbesitz ablehnende kleine Mann die Bemerkung geringschätziger gefunden habe, als sie gemeint gewesen war. Denn nachdem man etwa eine Viertelmeile weiter gefahren war, begab sich das Wunderbare, daß, während der Redselige sich hartnäckigen Schweigens befliß, der Schweigsame, wie zur Satisfaktion, die zwar immer noch etwas barsche, aber doch einlenkende Frage an den andern vom Zaune brach:

– Aus Pritzow sind Sie wohl nicht?

– Nicht ganz! Aber aus Spindelwitz! war die blitzschnelle Antwort; mein Name ist Wolff.

– Der Schullehrer?

– Emeritus, zu dienen! Und Sie, wenn man fragen darf?

– Rentmeister Bär!

– Gehorsamer Diener! Leben also seit zehn Jahren auf drei Meilen Nähe und müssen uns hier im Finstern zum ersten Male sehen!

– Oder auch nicht sehen!

Der Emeritus trat diesem Witze des Pritzower Rentamtes kichernd bei und bot ein Paroli, indem er in stiller Hoffnung zugleich die Gelegenheit ergriff, das Gespräch allgemein zu machen, durch die Bemerkung: – Ha, ha! Bär und Wolff! Fast möchte sich ja der Herr dort fürchten ob solcher Gesellschaft!

– Mein Name ist Löwe! klang es aus der Ecke des unsichtbaren Schulrats, der dieser Versuchung nicht zu widerstehen vermochte, mit gelassener Würde wie eine sonore Geisterstimme, so daß der Schullehrer halb erschreckt, halb verlegen über seinen Vorwitz und dessen schnelle Wirkung, nichts fand als ein unsicheres:

– Ah so!

Als indessen der Löwe es dabei bewenden ließ, auf

diese Weise bei Bär und Wolff seine Karte abgegeben zu haben, knüpfte letzterer wieder beim Bären an:

– Fahren der Herr Rentmeister in Geschäften?

– Denken Sie, daß ich zum Vergnügen hier herausrumple? Meine Schwiegertochter liegt im Sterben!

– O! du mein Himmel! Und ich reise erst nach Stöbern, um meinen ältesten Enkel, den Seminaristen, examinieren zu hören, und dann nach Ruhmsfelde, um seine jüngste Schwester taufen zu sehen!

– Na! Sehn Sie wohl, daß es zuweilen einem Schulmeister besser gehen kann als einem Rentmeister? Mit dem Kuchen wird's also wohl auch nicht so knapp sein!

– Je nun! stammelte der enthüllte Großvater.

– Darum nichts für ungut.

In diesem Augenblicke blies der Postillon die Zwischenstation an. Der Rentmeister schoß zum Schlusse erst noch einmal hinaus, griff dann nach seinem Reisesacke, und kletterte höflicher, als er gekommen war, mit einem: »Gottbefohlen!« aus der inzwischen geöffneten Kutsche hinab auf die Straße.

Ein auf ihn wartender etwa zwölfjähriger Knabe begrüßte ihn. – Wie geht's der Mutter? frug der Rentmeister rasch und weich.

– Tot! schluchzte das Kind, und beide verschwanden still in der Nacht.

Die Post rasselte mit frischen Pferden weiter.

Dem Schulrate war sein projektiertes Experiment eigentlich verunglückt; einmal war es ihm überhaupt nicht recht, daß nicht seine Kunst, sondern der voreilige Zufall, ihm den Schullehrer als solchen demaskiert

Putzmachersalon

hatte; und zum andern störte ihn das Bewußtsein, bezüglich beider Reisegefährten mehr oder minder mit seiner Kabbala auf Holzwegen gewesen zu sein. Aber er war nicht der Mann, durch kleine Mißgriffe sich den Spaß verderben zu lassen. Hatte doch die verfrühte Entdeckung auch ihren Nutzen. Denn als Schulrat inkognito war er jetzt, seinem verratenen Nachbar gegenüber, im Vorteil. Er setzte daher eine Zigarre, gleichsam als Wachtfeuer und Bivouacsignal für den Rest der Nacht, in Brand, und zog mit der möglichst harmlos hingeworfenen Frage: – Wie weit haben Sie von Stöbern nach Ruhmsfelde, Herr Wolff? dem vereinsamt Sitzenden die Schleusen der Rede auf.

– Drei Meilen, Herr – Löwe! Entschuldigen Sie, daß ich mir da vorhin einen kleinen Scherz erlaubte –

– Bitte! Haben sie Post dorthin?

– Ach nein! Es ist schon so teuer genug, und wenn man mit Fahren nicht verwöhnt ist, nimmt man gut und gern sein Bündel wieder untern Arm und verläßt sich auf seine eigene Apostel-Gelegenheit; wie der Lateiner sagt.

– Was ist Ihr Sohn?

– Was ich war! Was hätt' er mehr werden sollen!

– Meinen Sie, es sei zu wenig?

– Je nachdem! Schlecht ist auch das geringe nicht; aber – wenig bleibt's.

– Sie lieben doch gewiß Ihren Beruf?

– Geschätzter Herr – – Löwe! Entschuldigen Sie, daß ich Ihnen nicht geben kann, was Ihnen gebühren mag! – also titulis debitis!

– Bitte, Sie wollen sagen –

– Das läßt sich nicht so kurzweg auseinandersetzen.

– Wir haben noch gute Zeit!

– Ja, sehen Sie! Vater, Großvater und Urgroßvater – und wer weiß, wieviel höher hinauf noch –, alle sind Dorfschulmeister gewesen; ich hab's über fünzig Jahr getrieben. Vor zwei Jahren hab' ich jubiliert; da kam erst das Ehrenzeichen und hinterdrein die Emeritierung. Daß man sich dabei nicht verbessert, werden Sie wohl wissen. Wenn man soviel Appetit weniger hätte, als man Muße mehr kriegt, wär's gut. Aber das gehört nicht hierher; haec incidenter! Bekommen ist es mir so weit; und ich hab' es trotzdem auf Zweiundsiebenzig gebracht.

– Und marschieren noch drei Meilen mit dem Bündel unterm Arm?

– O! mit meinem Jungen – das ist nota bene ein Vierziger – um die Wette!

– Sie sind zu beneiden!

– Leider, Gott sei Dank: wie man zu sagen pflegt. Not macht mobil, und Gewohnheit erhält geschmeidig. Aber Sie frugen, ob mir meine Schulmeisterei lieb gewesen sei. Das kann ich Ihnen wirklich nicht sagen, ich selber habe die ganzen fünfzig Jahre lang daran nicht gedacht; und Sie sind wahrhaftig der erste, der mich danach frägt. Ich habe eben meinen Jungens und Mädels beigebracht, was mir und ihnen möglich war, alle Jahre wieder von vorne an; die Spindelwitzer Menschheit ist unter meinen Händen, sozusagen, ein paarmal groß geworden. Geärgert hab' ich mich dabei auch zur Genüge, aber ich hatte einen glücklichen Schlaf und ein gesundes Temperament, und andern Tags war's immer wieder eine frische Schulstube. Schwer ist mir's also eigentlich nicht geworden und langweilig auch nicht; denn mit dem Kindervolke ist's eine eigene Sache: ein gescheiter Junge und ein flinkes Mädel überträgt zehn dumme und faule. Keins ist dem andern gleich; man keift und wettert und hat doch seine Freude dran, ob sie einem auch das Leben sauer machen. Und finaliter kann ich wohl, ohne ruhmredig zu sein, sagen: Spindelwitz hat sein Deputat Kultur und macht mir keine Schande!

– Sie halten da Ihrem Berufe unwillkürlich eine Lobrede, welche die beste Antwort auf meine Frage ist.

– Cum grano salis! lieber Herr! Man tut seine Schuldigkeit; und wer über seine Pflicht seufzt, der macht sich das Pfund zum Zentner. Die Medizin ist im Löffel zehnmal bitterer als im Schlunde! Aber man hat so seine stille Stunden, wo es einen anwandelt; wie wenn man immer von Italien, von den Alpen und vom Meere und von den Pyramiden und Tempeln und von den Palmen und Federn liest, und weiß doch, daß man wird begraben werden, ohne von Gottes prächtiger Schöpfung und von der Menschen Herrlichkeiten etwas anderes gesehen zu haben als die Spindelwitzer Flur mit dem Buttermilchturme, wie die Leute sagen. Der Dümmste ist mitunter der Glücklichste! Wem's aber nicht gegeben ist, sich, wie die meisten Kollegen wohl tun, in den Freistunden gedankenlos auf die Bärenhaut zu legen, sondern wer die Nase in Bücher steckt, worin mehr steht, als ein Spindelwitzer Schullehrer gebraucht, dem kommt das bißchen Extra-Gelehrsamkeit nicht viel wohlfeiler zu stehen als Adam und Eva ihr Näschen vom Baume der Erkenntnis!

– Das könnte soviel heißen, als Sie hätten das Paradies Ihrer früheren Zufriedenheit verloren.

– Das will ich nicht geradezu sagen! Für meine Person hab' ich's nicht schlimmer gehabt als meine Altvordern, und so gut als es für mich paßte; aber doch kümmerlich genug, um meinem Sohne etwas Besseres zu wünschen. Schon bei mir war's einmal nahe daran, daß mich mein Alter auf eine gelehrte Schule gebracht hätte; aber er hatte eine geizige Frau, die es hintertrieb, weil sie Hungers zu sterben fürchtete, wenn ich bei Ihnen Leibesnahrung und Notdurft hätte finden sollen. Da blieb's denn beim Dorfbakel! Wie ich nun aber meinen eigenen Jungen hatte – denselben, der in diesen Tagen taufen läßt –, da gedacht' ich an meines Vaters Enkel nachzuholen, was seines Großvaters Sohn sich hatte müssen vergehen lassen. Sie müssen mir das nicht übel deuten. Ich selber kann es nicht leiden, wenn heutzutage die Bauern ihre Töcher in die Pension schicken und an ihren Söhnen große Herren verderben. Aber wenn ich so vor meinem Schulhause unter der Hollunderlaube saß und auf's Pfarrgebäude hinüber sah, kam mir's doch nicht wie eitel Überhebung oder Ungenügsamkeit vor, daß ich wohl wünschte, mein Ältester möchte dereinst lieber alle Sonntag die Kanzel zieren, als sechs Wochentage hindurch meinen Drehschemmel reiten! Der Mensch denkt, Gott lenkt! Vorläufig ist der fromme Wunsch wieder um eine Generation verschoben; und mein Stammhalter mag zusehen, was er nun mit seinem Ältesten zustandebringt.

– Wie geht's Ihrem Sohne in Ruhmsfelde?

– Leidlich, wenn man gerecht sein will! Er konnte mit fünfundzwanzig Jahren heiraten, ich mußte bis ins Dreißigste warten. Eine Vakanz und die Liebschaft mit seiner jetzigen Frau, die ihm ein Viertelbauerngut zubrachte, trafen zu rechter Zeit zusammen; sie können, wenn sie ihre Sache zu Rate halten, ohne sonderliche Not bestehen; und ich haspele meinen Abend, ohne ihnen zur Last zu fallen, vollends ab, wie's einem Emeritus eben zugemessen ist.

– Sie haben also Ihr Auskommen?

– Knapp, lieber Herr, wie das Einkommen! Mit sechzig Talern, einer halben Klafter und sechs Scheffeln macht man keine Sprünge vor Übermut; aber Gesundheit im Leibe, ein gutes Gewissen und Frieden im Hause sind die Hauptsache.

– Vertragen Sie sich mit Ihrem Nachfolger?

– Nicht, daß ich zu klagen hätte! Er haust unten, ich residiere im Dachstübchen. Er pflegt seine Seidenwürmer wie ich meine Bienen; rechts im Garten gedeihen seine Rüben und Gurken, links meine Nelken, und zwischen seinem Dachse und meinem Kater besteht eine nachbarliche Achtung, wie manche Menschen sie nicht aufbringen! Wenn man sich von Haus aus nichts vergibt, und gleichwohl immer dran denkt, daß der absterbende Baum dem neugepflanzten natürlicher Weise als ein überflüssiger Mitzehrer vorkommt, so läßt sich vieles ausgleichen, was grobe Sitten und scharfe Worte verderben.

– Das macht Ihnen beiden Ehre!

– Dafür erkennt er an, daß er mit seiner Erfahrung da anfängt, wo ich aufgehört habe. Er ist auch ein belesener Mann, und an manchem unwirtlichen Winterabend, wenn der Schnee gegen die Fenster fegt und die Dorfhunde in den verwehten Gehöften hin und wieder bellen, steig' ich im Schlafrock mit der Pfeife aus meiner stillen Kammer hinab, und bei einer guten Schrift oder einem gemütlichen Diskurse schlägt der Geiger wohl Zehn, auch Elf, ehe ich meine Nachtruhe suche. Wie lange der liebe Gott das so weiter gehen lassen will, ich nehm's mit Dank hin!

Der Schulrat war gerade im Begriff, durch diesen idyllischen Schluß der Erzählung des Schulmeisters gerührt zu werden, und etwas Schönes, wie einen Kranz auf ein Bild, drauf zu setzen; aber die Post geriet plötzlich auf das städtische Pflaster von Stöbern und ihr rollender Spektakel mit seinem Echo zwischen den nachtschlafenen Häusern der schmalen Thorstraße machte allem ein Ende.

Wenige Minuten später wünschten Wolff und Löwe einander im Hausflur des »Wilden Mannes« eine angenehme Ruh'; und während der Hausknecht mit seiner Hornlaterne den Schulmeister über den Hof ins bescheidene Kämmerlein dirigierte, leuchtete der Wirt dem ihm wohlbekannten Herrn Schulrat persönlich mit der Stearinkerze die Vordertreppe hinauf in das herkömmliche, komfortable Gemach. Hier erfolgte, während der Wirt seinem Gaste und Gönner die Reisehüllen ablegen half und die Fenstervorhänge zusammenzog, zunächst zwischen beiden jener summarische Austausch, mittelst dessen, sooft dies Wiedersehen stattfand, der Hotelbesitzer das Wissenswürdigste aus der Residenz ergatterte und dafür das Interessanteste aus der Chronik von Stöbern unterbreitete. Inzwischen hatte die Hebe des Hauses (denn Ganymede servierten im wilden Manne nicht) den dampfenden Frühkaffee auf den Tisch gesetzt und war enteilt, um nachträglich vollends auszuschlafen.

Ein Gleiches beabsichtigte nunmehr auch der Schulrat; aber es lag ihm erst noch ein gutes Werk auf dem Herzen. – Lieber Hinzelmeyer, sprach er zum Wirte, der schon die Hand auf der Türklinke hatte; wenn der Schullehrer Wolff, der mit mir zugleich ankam, seine Zeche bezahlen will, sagen Sie ihm doch, er sei gar nichts schuldig, und setzen Sie mir den Betrag auf die Rechnung; lassen Sie ihm nichts abgehen; aber es bleibt streng unter uns! – Verlassen sich der Schulrat ganz auf meine Diskretion! schmunzelte Hinzelmeyer und verschwand lautlos wie ein Nebelbild durch die Tür.

Als der Schulrat im Bette sich auf die rechte Seite gelegt und die Augen geschlossen hatte, fuhr er mit dem Schulmeister weiter; aber nicht im Postwagen, sondern im Traume; und beide – schnarchten!

Das Examen in Stöbern und das Taufen in Ruhmsfelde waren gleich glücklich verlaufen. Der alte Wolff hatte dem jungen Wolff den jüngeren Wolff als wohlbestandenen Kandidaten heimgebracht, die jüngste Wölffin über die Taufe gehalten, und »Freude war in Troja's Hallen« gewesen.

Der Schulrat war während dessen auf seiner verhängnisreichen Kometenbahn dem Aphelium weiter entgegengerollt; die Schafe und Böcke waren gesondert; hier war Heulen und Zähneklappen entsetzter »Durchgefallener« hinter ihm geblieben, dort war er unter den Segenswünschen »glücklich Entwischter« durch die Ehrenspaliere »wohl Bestandener« von dannen gefahren.

Endlich war er rückläufig geworden. Nicht ohne

menschliches Sehnen nach dem Perihelium seines Studierzimmers, gehorchte er, wie ein immer schneller fallender Körper, der Attraktionskraft seiner heimischen Erde; und mit dem festen Vorsatze, nur im unausweichlichen Falle noch einmal unterwegs auszusteigen, saß er, acht Tage später, wieder allein und bequem in dem nämlichen Postwagen, der, diesmal die Deichsel residenzwärts gewendet, um Mitternacht auf Stöbern losfuhr.

Die Natur überhob ihn der Versuchung, seinem Vorsatze untreu zu werden. In tiefem Schlummer dem Wechsel irdischer Dinge entrückt und über alle Störung erhaben, hielt er unwissenderweise während des Umspannens wieder vor dem »Wilden Manne«; aber sie gingen einander diesmal nichts an. Nur im Traume verspürte er den Ruck, als die Pferde von neuem anzogen, und schlafend, wie er zu einem Tore hereingekommen, fuhr er zum andern wieder hinaus, dem Morgengrauen und einer ihm inzwischen vorbereiteten Überraschung entgegen.

Als er beim schwachen Lichte des jungen Tages die Augen aufschlug und um sich blickte, fand er sich nicht mehr allein. Es war ihm, als führe er noch immer zum Examen nach Stöbern. Auf dem Eckplatze seitwärts saß, wie damals, aufrecht und ehrbar, wach und das Wort auf den Lippen, im schwarzen, knappen Mäntelchen, nur den wollenen Shawl jetzt um den unzulänglichen Stehkragen gewickelt, aber behaglich ob des ganz vorgezogenen Fensters, der fast vergessene Spindelwitzer Schulveteran.

Was hatte dieser gute Mann für einen elektrischen Schlag durch alle seine Extremitäten gefühlt, als er am andern Morgen nach jener Nachtfahrt im Examenssaale des Seminars, mitten in Furcht und Warten der Dinge, die da kommen sollten, die pädagogische Prüfungsjunta hereinziehen sah, und als, an der Spitze dieses leibhaft wandelnden Fatums, in voller Wucht der Staatsautorität der selbige Löwe schritt, mit dem er vor wenigen Stunden in argloser Unkunde, wie mit seinesgleichen, von der Leber weg geschwatzt hatte.

Wenn auf der Bühne Fürsten oder Excellenzen plötzlich den Überrock lüftend, das Siderallicht auf ihrer Brust strahlen lassen und der Geblendete, dem sie sich enthüllen, vor Schreck in die Knie sinkt – ein schwacher Knalleffekt war das zu nennen gegen den Donner, welcher an dem Emeritus niederfuhr.

Mit Haarsträuben rekapitulierte er sich das gestern im Postwagen aufgeführte Frage- und Antwort-Spiel; die Versammlung um ihn her hüllte sich in Nebel, und das Examen war fast zur Hälfte vorbei, bevor er sich vergewissert hatte, daß ihm nichts entfahren sei, was irgendwie seinem Enkel, dem Examinanden – an sich dacht' er zuletzt oder gar nicht – nachteilig werden könnte. Jetzt sah er sich den Schulrat noch einmal an, und atmete auf; es war ja derselbe freundlich-ernste, zugänglich-mitteilsame Mann, nur mit übergezogener Amtsmiene und vorgeknüpftem Ordenskreuze; und, wenn der Junge dort auf der Bank (denn während sein Auge am Schulrate hing, war sein Ohr für die Hauptsache taub) irgend seine Gedanken zusammen und im Feuer Stand hielt, konnte vor solcher humanen Gerechtigkeit nichts schief gehn. Als er mit diesem Glauben bis zur Unerschütterlichkeit gelangte, war die Prüfung zu Ende.

Wem hätte er sagen können, wie er aus dem Saale gekommen sei? Seine ganze Erinnerung bestand in einem tiefen Bücklinge, den er dem an ihm vorübergehenden Schulrate gewidmet, und in der Hand, die dieser ihm dafür flüchtig mit wohlwollendem Zunicken gedrückt hatte.

Und neben diesen Mann hatte ihn jetzt die wunderbare Vorsehung, welche der große Haufen gedankenlos Zufall schilt, wiederum in den Postwagen gesetzt.

War ihm nicht zu Sinne, als habe er nun das Höchste erlebt und könne sein stilles Dasein selig beschließen?

Der Schulrat hörte dem Gefährten, der ihm dies alles ebenso redselig als glückselig schilderte, mit ebensoviel Geduld als Wohlgefallen zu. Er wartete gleichsam mit dem Interesse eines Gemäldesammlers die Vollendung des Porträts ab, welches der kleine, ehrliche Mann, ein unbewußter Naturmaler, von sich selber der Gedächtnisgalerie seines Gönners lieferte.

Die Unterhaltung geriet eine Weile ins Stocken, während auf der Zwischenstation, wo damals der Rentmeister von ihnen schied, die Pferde gewechselt wurden.

Der Schulrat hatte inzwischen das fertige Konterfei des Schulmeisters, als ein Kabinettstück in dem Boudoir seiner Phantasie, in seinem Herzen aufgehängt, und je mehr er sich der eigentümlichen Ausbeute dieser seiner Amtsfahrt freute, je näher die Trennung von dem lebendigen Originale heranrückte, dem er wahrscheinlich im Diesseits nicht wieder begegnete, empfand er in einer Art von dankbar wehmütiger Anwandlung das Bedürfnis des Versuchs, auf dieses unscheinbare Stilleben noch irgendeinen Abendsonnenstrahl fallen zu lassen. Als sie eine Strecke weiter gefahren waren, nahm er daher das Gespräch wieder auf.

– Sie haben mich, so redete er den still durchs Fenster schauenden Emeritus an, einen so tiefen Blick in Ihre Vergangenheit und Gegenwart tun lassen, daß ich eine Frage nicht unterdrücken kann, die sich auf Ihre Zukunft bezieht.

Der Emeritus sah den Sprecher mit ruhigem Erstaunen an; ihm war an seiner Zukunft ja nichts mehr fraglich als ihre Dauer.

Der Schulrat tat einige Züge aus seiner Zigarre und fuhr dann fort:

– Sie haben Ihr Tagewerk geschlossen; Ihre Pflicht ist erfüllt; Sie leben nur noch sich selbst und den Ihrigen; Sie sind, wie ich höre, ebenso zufrieden mit Ihrer Lage, als diese in enge Grenzen beschränkt ist. Sie haben nur wenig Bedürfnisse noch und keine Sorge mehr; Ihre Freude trägt nur noch das Gepräge der Ruhe; Sie haben ein respektables Alter erstiegen, aber – wenn ich Sie so betrachte – sind Sie nicht doch noch jung genug, um noch irgendeinen Wunsch zu haben?

Der Alte sah dem Schulrat mit heiterem Gleichmut ins Gesicht und sagte: – Daß ich nicht wüßte!

Beide schwiegen.

Allmählich aber stieg dem Emeritus ein mildes Funkeln in die kleinen, grauen Augen; ein mühsam, aber vergeblich bekämpftes Lächeln phosphorisierte um seinen Mund, und das auflebende Mienenspiel seines leicht errötenden Angesichts fing an zu verraten, daß die Frage des Schulrats, wie ein Druck auf eine verborgene Feder, das lange stillgestandene Räderwerk der

Seele in Bewegung gesetzt hatte und daß aus verschwiegener Tiefe allgemach ein befreites Geheimnis an die Oberfläche zu steigen begann.

Der Schulrat sah mit vergnüglichem Beobachten dem Brodeln zu, mit welchem das kommende Geständnis sich ankündigte.

Endlich gab der Emeritus, den Blick vor sich hin gerichtet und mit den Fingern spielend, folgendes von sich:

– Ja! Hochverehrter Herr! Übers Streben und Begehren – Sie sagten's eben selbst – bin ich weg; wo die Genügsamkeit anfängt, hört das Entbehren auf; und gegen das Darben ist gesorgt. Also – was nennen Sie Wunsch?

– Ich meine, ob Sie nichts vermissen oder auf nichts verzichtet haben, das Sie zwar für leicht entbehrlich achten, dessen Besitz oder Erfüllung Ihnen aber gleichwohl, wie man zu sagen pflegt, Spaß machen würde. Wenn ich zum Exempel für mich auf eine solche Frage zu antworten hätte, ich würde bei aller Bescheidenheit nicht in Verlegenheit sein.

– Nun! So brauch' ich mich auch nicht zu zieren! sagte der Schulmeister, und indem er seinen Mund absonderlich zuspitzte, faßte er sich ein Herz und erklärte: Wollen Sie's nun einmal hören, ei ja! Etwas wüßt' ich wohl, wonach ich in meinen alten Tagen, als wär' ich sechzig Jahr jünger, so ein rechtes Gelüst spüren könnte!

– Und das wäre?

Der Emeritus sah den Schulrat mit einem Anfluge von Leidenschaft und Schelmerei seitwärts an und flüsterte:

– Eine Königin!

– Eine Königin? fragte der Schulrat, der sich eher des Himmels Einsturzes als dieser Antwort versehen hätte und den andern forschend fixierte.

– Eine Königin! wiederholte dieser mit bestätigendem Kopfnicken; ich meine nämlich: eine italienische Königin!

Dieses Prädikat, weit entfernt, den Schulrat über den Sinn der Antwort aufzuklären, verdoppelte vielmehr seinen plötzlich erwachten Argwohn, daß der Schulmeister irgendeinen Raptus habe; indessen wenn einmal eine fixe Idee unvorsichtigerweise angestoßen war, so blieb augenblicklich nichts übrig, als sie durch kluge Behandlung möglichst unschädlich zu machen. Er entschloß sich daher kurz und erwiderte mit erheucheltem Neugierde:

– Wer ist diese Dame, wenn man fragen darf?

Der Emeritus, der nichts weniger als ahnte, daß sein Gönner ihn für halbverrückt halte, war durch diese wenig zutreffende Frage wiederum seinerseits einige Sekunden lang befremdet. Seine Ehrerbietung jedoch, die ihn keinen Augenblick an der Vernünftigkeit seines Gönners irre werden ließ, machte sich nur in einem fröhlichen Lächeln über den gütigen Scherz desselben Luft, der ein Mißverständnis vorzuschützen beliebe; und er gestattete sich daher die entschuldigende Gegenbemerkung:

– Ah so! Sie sind kein Bienenvater!

– Nein! atmete der Schulrat auf, dem mit dieser Vaterschaft ein Alpdruck vom Herzen fiel. Aber ich erinnere mich nun, daß Sie neulich Ihre Bienenzucht erwähnten. Es handelt sich also um eine Bienenkönigin, wiewohl mir noch unklar bleibt, was Sie unter einer italienischen verstehen.

– Es ist dies eine fremde, bei uns noch wenig eingebürgerte Sorte, welche verschiedene Vorzüge vor unsern deutschen hat und manche Vorteile bietet, was Sie nicht weiter interessieren kann, für unser einen aber, der sich (weniger um des Erwerbs willen als aus Liebhaberei) damit abgibt, besonderen Reiz hat. Ich will nur beispielsweise anführen, daß diese Ausländer unsere deutsche Flora weit mehr ausbeuten als unsere Landsleute und daher auch reichlicheren Honig zusammenbringen. Wir Deutsche sind einmal überhaupt unpraktischer als andere Leute; man kann's unsern Bienen nicht so ganz allein nachsagen! Item! Wenn ich etwas für solche Allotria übrig hätte, so würd' ich mir eine dergleichen Königin zur Zucht beilegen.

– In welcher Gegend von Italien sind sie zu Hause?

– Damit kann ich Ihnen nicht dienen; aber zu haben sind sie in Karlsmarkt in Schlesien.

– Ist denn so eine Königin teuer?

– Eigentlich nicht! Aber mich würde sie doch wohl ein Zehntel meiner Pension kosten! Also verbietet sich's!

Diese Resignation hätte den Schulrat um eine Wendung zum Abbruch des Thema's verlegen machen können, wenn nicht die Post unerwartet still gehalten hätte.

Der Schullehrer hatte den Postillon gebeten, ihn vor der Stadt Pritzow, wo der Weg nach Spindelwitz von der Chaussee abbog, aussteigen zu lassen.

Dieser Punkt war gekommen und mit ihm die Zeit des Abschiedes; die Frist reichte eben nur zu einem herzlichen Händedruck, zu wenigen aufrichtigen Worten aus.

Der Emeritus stand mit seinem Bündel bereits unten, und die Wagentür wollte hinter ihm zufallen; da wandte er sich noch einmal um und rief dem Schulrate mit bewegter Stimme zu:

– Noch eins, mit Ihrer Erlaubnis! Als ich neulich im »Wilden Manne« meine Rechnung bezahlen wollte, sagte mir Herr Hinzelmeyer, es sei bereits alles richtig! Ich weiß nicht, wem ich's zuschreiben soll. Sollten Sie es erfahren und der unbekannte Wohlthäter käme Ihnen zu Gesicht – das kann sich ja doch fügen! –, vergessen Sie meine Bitte nicht, sagen Sie dem edlen Manne von dem alten Emeritus Wolff aus Spindelwitz tausend Dank!

Der Schullehrer sah, während der Postillon wieder aufsaß, gerührt zum Wagen hinauf; als die Pferde anzogen, winkte er den letzten Gruß und war verschwunden.

Der Emeritus hatte, während er nun nach der Heimat zurückwanderte, auf seinem stillen Wege nur des freundlichen Schulrates gedacht und die italienische Königin längst wieder vergessen. Eines Tages erhielt er einen beschwerten Brief aus der Residenz mit einer Summe, welche den Preis der welschen Majestät überstieg; und eine Woche später lag auf dem Schreibtische des Schulrats die dankbare Rückschrift des Siebzigers, der mit jugendlichem Feuer die Begeisterung schilderte, mit der er dem glücklichen Einzug seiner Herzenskönigin entgegensah.

Als der Schulrat im nächsten Jahre wieder des Weges kam, zog es ihn zu einem Abstecher nach Spindelwitz.

Das Dachstübchen des Emeritus stand leer. Nur um sein mit Nelken und Levkoyen besetztes Grab summten seine Bienen ihren Honiggesang.

Gottfried Keller

DER SCHLIMM-HEILIGE VITALIS

Meide den traulichen Umgang mit Einem Weibe, empfiehl du überhaupt lieber das ganze andächtige Geschlecht dem lieben Gott.

Thomas a Kempis, Nachfolge, 8, 2

Im Anfang des achten Jahrhunderts lebte zu Alexandria in Ägypten ein wunderlicher Mönch, namens Vitalis, der es sich zur besondern Aufgabe gemacht hatte, verlorene weibliche Seelen vom Pfade der Sünde hinwegzulocken und zur Tugend zurückzuführen. Aber der Weg, den er dabei einschlug, war so eigentümlich, und die Liebhaberei, ja Leidenschaft, mit welcher er unablässig sein Ziel verfolgte, mit so merkwürdiger Selbstentäußerung und Heuchelei vermischt, wie in der Welt kaum wieder vorkam.

Er führte ein genaues Verzeichnis aller jener Buhlerinnen auf einem zierlichen Pergamentstreifen, und sobald er in der Stadt oder deren Umgebung ein neues Wild entdeckt, merkte er Namen und Wohnung unverweilt auf demselben vor, so daß die schlimmen Patriziersöhne von Alexandria keinen besseren Wegweiser hätten finden können, als den emsigen Vitalis, wenn er einen minder heiligen Zweck hätte verfolgen wollen. Allein wohl entlockte der Mönch ihnen in schlauem spaßhaftem Geplauder manche neue Kunde und Notiz in dieser Sache; nie aber ließ er sich dergleichen selbst ablauschen von den Wildfängen.

Jenes Verzeichnis trug er zusammengerollt in einem silbernen Büchschen in seiner Kappe und nahm es unzählige Male hervor, um einen neuentdeckten, leichtfertigen Namen beizufügen oder die bereits vorhandenen zu überblicken, zu zählen und zu berechnen, welche der Inhaberinnen demnächst an die Reihe kommen würde.

Diese suchte er dann in Eile und halb verschämt und sagte hastig: »Gewähre mir die zweite Nacht von heute und versprich keinem andern!« Wenn er zur bestimmten Zeit in das Haus trat, ließ er die Schöne stehen und machte sich in die hinterste Ecke der Kammer, fiel dort auf die Knie und betete mit Inbrunst und lauten Worten die ganze Nacht für die Bewohnerin des Hauses. Mit der Morgenfrühe verließ er sie und untersagte ihr streng, zu verraten, was er bei ihr gemacht habe.

So trieb er es eine gute Zeit und brachte sich in den allerschlechtesten Ruf. Denn während er im geheimen, in den verschlossenen Kammern der Buhlerinnen durch seine heißen Donnerworte und durch inbrünstiges süßes Gebetlispeln manche Verlorene erschütterte und rührte, daß sie in sich ging und einen frommen Lebenswandel begann, schien er es öffentlich vollständig darauf anzulegen, für einen lasterhaften und sündigen Mönch zu gelten, der sich lustig in allem Wirrsal der Welt herumschlüge und seinen geistlichen Habit als eine Fahne der Schmach aushänge.

Befand er sich des Abends, wenn es dunkelte, in ehrbarer Gesellschaft, so rief er etwa unversehens: »Ei, was mache ich doch? Bald hätt ich vergessen, daß die braune Doris meiner wartet, die kleine Freundin! Der Tausend, ich muß gleich hin, daß sie nicht schmollt!«

Schalt man ihn nun, so rief er, wie erbost: »Glaubt ihr, ich sei ein Stein? Bildet ihr euch ein, daß Gott für die Mönche keine Weiblein geschaffen habe?« Sagte jemand: »Vater, legt lieber das kirchliche Gewand ab und heiratet, damit die andern sich nicht ärgern!«, so antwortete er: »Ärgere sich, wer will und mag und renne mit dem Kopfe gegen die Mauer! Wer ist mein Richter?« Alles dies sagte er mit Geräusch und großer Verstellungskunst, wie einer, der eine schlechte Sache mit vielen und frechen Worten verteidigt.

Und er ging hin und zankte sich vor den Haustüren der Mädchen mit den Nebenbuhlern herum, ja er prügelte sich sogar mit ihnen und teilte manche derbe Maulschelle aus, wenn es hieß: »Fort mit dem Mönch! Will der Kleriker uns den Platz streitig machen? Zieh ab, Glatzkopf!«

Auch war er so beharrlich und zudringlich, daß er in den meisten Fällen den Sieg davontrug und unversehens ins Haus schlüpfte.

Kehrte er beim Morgengrauen in seine Zelle zurück, so warf er sich nieder vor der Mutter Gottes, zu deren Preis und Ehre er allein diese Abenteuer unternahm und den Tadel der Welt auf sich lud, und wenn es ihm gelungen war, ein verlorenes Lamm zurückzuführen und in irgendeinem heiligen Kloster unterzubringen, so dünkte er sich seliger vor der Himmelskönigin, als wenn er tausend Heiden bekehrt hätte.

Der Friseur

Denn dies war sein ganz besonderer Geschmack, daß er das Martyrium bestand, vor der Welt als ein Unreiner und Wüstling dazustehen, während die allerreinste Frau im Himmel wohl wüßte, daß er noch nie ein Weib berührt habe und ein Kränzlein weißer Rosen unsichtbar auf seinem vielgeschmähten Haupte trage.

Einst hörte er von einer besonders gefährlichen Person, welche durch ihre Schönheit und Ungewöhnlichkeit viel Unheil und selbst Blutvergießen anrichte, da ein vornehmer und grimmiger Kriegsmann ihre Türe belagere und jeden niederstrecke, der sich mit ihm in Streit einlasse. Sogleich nahm Vitalis sich vor, diese Hölle anzugreifen und zu überwinden. Er schrieb den Namen der Sünderin nicht erst in sein Verzeichnis, sondern ging geraden Weges nach dem berüchtigten Hause und traf an der Türe richtig mit jenem Soldaten zusammen, der in Scharlach gekleidet hochmütig daherschritt und einen Wurfspieß in der Hand trug.

»Duck dich hier beiseite, Mönchlein!« rief er höhnisch dem frommen Vitalis zu, »was wagst du, an meiner Löwenhöhle herumzukrabbeln? Für dich ist der Himmel, für uns die Welt!«

»Himmel und Erde samt allem, was darin ist«, rief Vitalis, »gehören dem Herrn und seinen fröhlichen Knechten! Pack dich, aufgeputzter Lümmel, und laß mich gehen, wo mich gelüstet!«

Zornig erhob der Krieger den Schaft seines Wurfspießes, um ihn auf den Kopf des Mönches niederzuschlagen; doch dieser zog flugs den Ast eines friedlichen Ölbaumes unter dem Gewande hervor, parierte den Streich und traf den Raufbold so derb an die Stirne, daß ihm die Sinne beinahe vergingen, worauf ihm der streitbare Kleriker noch viele Knüffe unter die Nase gab, bis der Soldat ganz betäubt und fluchend sich davonmachte.

Also drang Vitalis siegreich in das Haus, wo über einem schmalen Treppchen die Weibsperson stand, eine Lampe tragend, und auf das Lärmen und Schreien horchte. Es war eine ungewöhnlich große und feste Gestalt mit schönen großen, aber trotzigen Gesichtszügen, um welche ein rötliches Haar in reichen wilden Wellen gleich einer Löwenmähne flatterte.

Verachtungsvoll schaute sie auf den anrückenden Vitalis herab und sagte: »Wohin willst du?« – »Zu dir, mein Täubchen!« antwortete er, »hast du nie vom zärtlichen Mönch Vitalis gehört, vom lustigen Vitalis?« Allein sie versetzte barsch, indem sie die Treppe sperrte mit ihrer gewaltigen Figur: »Hast du Geld, Mönch?« Verdutzt sagte er: »Mönche tragen nie Geld mit sich!« – »So trolle dich deines Weges«, rief sie, »oder ich lasse dich mit Feuerbränden aus dem Hause peitschen!«

Ganz verblüfft kratzte Vitalis hinter den Ohren, da er diesen Fall noch nicht bedacht hatte; denn die Geschöpfe, die er bis anhin bekehrt, hatten dann natürlicherweise nicht mehr an einen Sündenlohn gedacht, und die Unbekehrten begnügten sich, ihn mit schnöden Worten für die kostbare Zeit, um die er sie gebracht, zu strafen. Hier aber konnte er gar nicht ins Innere gelangen, um seine fromme Tat zu beginnen; und doch reizte es ihn über alle Maßen, gerade diese rotschimmernde Satanstochter zu bändigen, weil große schöne Menschenbilder immer wieder die Sinne verleiten, ihnen einen höheren menschlichen Wert zuzuschreiben, als sie wirklich haben. Verlegen suchte er an seinem Gewande herum und bekam dabei jenes Silberbüchslein in die Hand, welches mit einem ziemlich wertvollen Amethyst geziert war. »Ich habe nichts, als dies«, sagte er, »laß mich hinein dafür!« Sie nahm das Büchschen, betrachtete es genau und hieß ihn dann mit hineingehen. In ihrem Schlafgemache angekommen, sah er sich nicht weiter nach ihr um, sondern kniete nach seiner Gewohnheit in eine Ecke und betete mit lauter Stimme.

Die Hetäre, welche glaubte, er wolle seine weltlichen Werke aus geistlicher Gewohnheit mit Gebet beginnen, erhob ein unbändiges Gelächter und setzte sich auf ihr Ruhebett, um ihm zuzusehen, da seine Gebärden sie höchlich belustigten. Da das Ding aber kein Ende nahm und anfing, sie zu langweilen, entblößte sie unzüchtig ihre Schultern, schritt auf ihn zu, umstrickte ihn mit ihren weißen starken Armen und drückte den guten Vitalis mit seinem geschornen und tonsurierten Kopf so derb gegen ihre Brust, daß er zu ersticken drohte und zu prusten begann, als ob er im Fegefeuer stäke. Es dauerte aber nicht lang, so fing er an, nach allen Seiten auszuschlagen, wie ein junges Pferd in der Schmiede, bis er sich von der höllischen Umschlingung befreit hatte. Dann aber nahm er den langen Strick, welchen er um den Leib trug, und packte das Weib, um ihr die Hände auf den Rücken zu binden, damit er Ruhe vor ihr habe. Er mußte jedoch tüchtig mit ihr ringen, bis es ihm gelang, sie zu fesseln; und auch die Füße band er ihr zusammen und warf den ganzen Pack mit einem mächtigen Ruck auf das Bett. Wonach er sich wieder in seinen Winkel begab und seine Gebete fortsetzte, als ob nichts geschehen wäre.

Die gefesselte Löwin wälzte sich erst zornig und unruhig hin und her, suchte sich zu befreien und stieß hundert Flüche aus; dann wurde sie stiller, während der Mönch nicht aufhörte, zu beten, zu predigen und zu beschwören, und gegen Morgen ließ sie deutliche Seufzer vernehmen, welchen bald, wie es schien, ein zerknirschtes Schluchzen folgte. Kurz, als die Sonne aufging, lag sie als eine Magdalena zu seinen Füßen, von ihren Banden befreit, und benetzte den Saum seines Gewandes mit Tränen. Würdevoll und heiter streichelte ihr Vitalis das Haupt und versprach, mit einbrechender künftiger Nacht wiederzukommen, um ihr kundzutun, in welchem Kloster er eine Bußzelle für sie ausfindig gemacht hätte. Dann verließ er sie, vergaß aber nicht, ihr vorher einzuschärfen, daß sie inzwischen nichts von ihrer Bekehrung verlauten lassen und vor allem nur jedermann, der sie darum befragen würde, sagen solle, er habe sich recht lustig bei ihr gemacht.

Allein wie erschrak er, als er zur bestimmten Stunde wieder erscheinend, die Türe fest verschlossen fand, indessen das Frauenzimmer frisch geschmückt und stattlich aus dem Fenster sah.

»Was willst du, Priester?« rief sie herunter, und erstaunt erwiderte er halblaut: »Was soll das heißen, mein Lämmchen? Tu von dir diesen Sündenflitter und laß mich ein, daß ich dich zu deiner Buße vorbereite!« – »Du willst zu mir herein, schlimmer Mönch?« sagte sie lächelnd, als ob sie ihn mißverstanden hätte, »hast du Geld oder Geldeswert bei dir?« Mit offenem Munde starrte Vitalis empor; dann rüttelte er verzweifelt an der Türe; aber sie war und blieb verschlossen und vom Fenster war das Weib auch verschwunden.

Das Gelächter und die Verwünschungen der Vorübergehenden trieben den scheinbar verdorbenen und schamlosen Mönch endlich von dem verrufenen Hause hinweg; allein sein einziges Sinnen und Trachten ging dahin, wieder in das nämliche Haus zu gelangen und den Bösen, der in dem Weibe streckte, auf jede Weise zu überwinden.

Von diesem Gedanken beherrscht lenkte er seine Schritte in eine Kirche, wo er, statt zu beten, über Mittel und Wege sann, wie er sich den Zutritt bei der Verlorenen verschaffen könne. Indem fiel sein Blick auf die Lade, in welcher die Gaben der Mildtätigkeit aufbewahrt lagen, und kaum war die Kirche, in welcher es dunkel geworden, leer, so schlug er die Lade mit kräftiger Faust auf und warf ihren Inhalt, der aus einer Menge kleiner Silberlinge bestand, in seine aufgeschürzte Kutte und eilte schneller, als ein Verliebter, nach der Wohnung der Sünderin.

Eben wollte ein zierlicher Stutzer in die aufgehende Türe schlüpfen; Vitalis ergriff ihn hinten an den duftenden Locken, schleuderte ihn auf die Gasse und schlug die Türe, indem er hineinsprang, jenem vor der Nase zu, und so stand er nach einigen Augenblicken abermals vor der ruchlosen Person, welche ihn mit funkelnden Augen besah, da er statt des erwarteten Stutzers erschien. Vitalis schüttelte aber schnell das gestohlene Geld auf den Tisch und sagte: »Genügt das für diese Nacht?« Stumm, aber sorgfältig zählte sie das Gut und sagte dann: »Es genügt!« und tat es beiseite.

Nun standen sie sich sonderbarlich gegenüber. Das Lachen verbeißend schaute sie darein, als ob sie von nichts wüßte, und der Mönch prüfte sie mit ungewissen und kummervollen Blicken und wußte nicht, wie er es anpacken sollte, sie zur Rede zu stellen. Als aber sie plötzlich in verlockende Gebärden überging und mit der Hand in seinen glänzenden dunkeln Bart fahren wollte, da brach das Gewitter seines geistlichen Gemütes mächtig los, zornig schlug er ihr auf die Hand, warf sie dann auf ihr Bett, daß es erzitterte, und indem er auf sie hinkniete und ihre Hände festhielt, fing er, ungerührt von ihren Reizen, dergestalt an ihr in die Seele zu reden, daß ihre Verstocktheit endlich sich zu lösen schien.

Sie ließ nach in den gewaltsamen Anstrengungen, sich zu befreien, häufige Tränen flossen über das schöne und kräftige Gesicht, und als der eifrige Gottesmann sie nun freigab und aufrecht an ihrem Sündenlager stand, lag die große Gestalt auf demselben mit ausgestreckten müden Gliedern, wie von Reue und Bitterkeit zerschlagen, schluchzend und die umflorten Augen nach ihm richtend, wie verwundert über diese unfreiwillige Verwandlung.

Da verwandelte sich auch das Ungewitter seines beredten Zornes in weiche Rührung und inniges Mitleid; er pries innerlich seine himmlische Beschützerin, welcher zu Ehren ihm dieser schwerste aller Siege gelungen war, und seine Rede floß jetzt versöhnend und tröstend wie lindes Frühlingswehen über das gebrochene Eis dieses Herzens.

Fröhlicher, als wenn er das lieblichste Glück genossen hätte, eilte er von dannen, aber nicht, um auf seinem harten Lager noch ein Stündchen Schlaf zu finden, sondern um vor dem Altare der Jungfrau für die arme reuevolle Seele zu beten, bis der Tag vollends angebrochen wäre; denn er gelobte, kein Auge zu schließen, bis das verirrte Lamm nunmehr sicher hinter den schützenden Klostermauern verwahrt sei.

Kaum war auch der Morgen lebendig geworden, so machte er sich wieder auf den Weg nach ihrem Hause, sah aber auch gleichzeitig vom andern Ende der Straße den wilden Kriegsmann daherkommen, welcher nach einer durchschwelgten Nacht, halb betrunken, es sich in den Kopf gesetzt hatte, die Hetäre endlich wiederzuerobern.

Vitalis war näher an der unseligen Türe und behende sprang er darauf zu, um sie vollends zu erreichen; da schleuderte jener den Speer nach ihm, der dicht neben des Mönches Kopf in der Tür steckenblieb, daß der Schaft zitterte.

Aber noch ehe er ausgezittert, riß ihn der Mönch mit aller Kraft aus dem Holz, kehrte sich gegen den wütend herbeigesprungenen Soldaten, der ein bloßes Schwert zückte, und trieb ihm mit Blitzesschnelle den Speer durch die Brust; tot sank der Mann zusammen, und Vitalis wurde fast im selbigen Augenblicke durch einen Trupp Kriegsknechte, die von der Nachtwache kamen und seine Tat gesehen, gefangengenommen, gebunden und in den Kerker geführt.

Wahrhaft kummervoll schaute er nach dem Häuschen zurück, in welchem er sein gutes Werk nun nicht vollenden konnte; die Wächter glaubten, er bedaure lediglich seinen Unstern, von einem sündhaften Vorsatz abgelenkt zu sein, und traktierten den vermeintlich unverbesserlichen Mönch mit Schlägen und Schimpfworten, bis er im Gefängnis war.

Dort mußte er viele Tage liegen, mehrfach vor den Richter gestellt; zwar wurde er am Ende straflos entlassen, weil er den Mann in der Notwehr umgebracht. Doch ging er immerhin als ein Totschläger aus dem Handel hervor und jedermann rief, daß man ihm endlich das geistliche Gewand abnehmen sollte. Der Bischof Johannes, welcher dazumal in Alexandria vorstand, mußte aber irgendeine Ahnung von dem wahren Sachverhalt oder sonst einen höheren Plan gefaßt haben, da er sich weigerte, den verrufenen Mönch aus der Klerisei zu stoßen, und befahl, denselben einstweilen noch seinen seltsamen Weg wandeln zu lassen.

Dieser führte ihn ohne Aufenthalt zu der bekehrten Sünderin zurück, welche sich mittlerweile abermals umgekehrt hatte und den erschrockenen und bekümmerten Vitalis nicht eher hereinließ, bis er wiederum irgendwo einen Wertgegenstand entwendet und ihr gebracht. Sie bereute und bekehrte sich zum drittenmal, und auf gleiche Weise zum vierten- und fünftenmal, da sie diese Bekehrungen einträglicher fand, als alles andere, und überdies der böse Geist in ihr ein höllisches Vergnügen empfand, mit wechselnden Künsten und Erfindungen den armen Mönch zu äffen.

Dieser war jetzt wirklich von innen heraus ein Märtyrer; den je ärger er getäuscht wurde, desto weniger konnte er von seinem Bemühen lassen, und es dünkte ihn, als ob seine eigene Seligkeit gerade von der Besserung dieser einen Person abhange. Er war jetzt bereits ein Totschläger, Kirchenräuber und Dieb; allein lieber hätt er sich eine Hand abgehauen, als den geringsten

Teil seines Rufes als Wüstling aufgegeben, und wenn dies alles ihm endlich in seinem Herzen schwer und schwerer zu tragen war, so bestrebte er sich um so eifriger, vor der Welt die schlimme Außenseite mit frivolen Worten aufrechtzuhalten. Denn diese märtyrliche Spezialität hatte er einmal erwählt. Doch wurde er bleich und schmal dabei und fing an, herumzuschleichen, wie ein Schatten an der Wand, aber immer mit lachendem Munde.

Gegenüber jenem Hause der Prüfung nun wohnte ein reicher griechischer Kaufmann, der ein einziges Töchterchen besaß, Jole geheißen, welche tun konnte, was ihr beliebte, und daher nicht recht wußte, was sie den langen Tag hindurch beginnen sollte. Denn ihr Vater, der sich zur Ruhe gesetzt hatte, studierte den Plato, und wenn er dessen müde war, so verfaßte er zierliche Xenien über die geschnittenen antiken Steine, deren er eine Menge sammelte und besaß. Jole hingegen, wenn sie ihr Saitenspiel beiseite gestellt hatte, wußte ihren lebhaften Gedanken keinen Ausweg und guckte unruhig in den Himmel und in die Ferne, wo sich eine Öffnung bot.

So entdeckte sie auch den Verkehr des Mönches in der Straße und erfuhr, welche Bewandtnis es mit dem berüchtigten Klerikus habe. Erschreckt und scheu betrachtete sie ihn von ihrem sicheren Versteck aus und konnte nicht umhin, seine stattliche Gestalt und sein männliches Aussehen zu bedauern. Als sie aber von einer Sklavin, welche mit der Sklavin der bösen Buhlerin vertraut war, vernahm, wie Vitalis von letzterer betrogen würde und wie es sich in Wahrheit mit ihm verhalte, da verwunderte sie sich über alle Maßen, und weit entfernt, dies Martyrium zu verehren, befiel sie ein seltsamer Zorn und sie hielt diese Art Heiligkeit der Ehre ihres Geschlechts nicht für zuträglich. Sie träumte und grübelte eine Weile darüber, und immer unzufriedener wurde sie, während gleichzeitig ihre Teilnahme für den Mönch sich erhöhte und mit jenem Zorne kreuzte.

Plötzlich entschloß sie sich, wenn die Jungfrau Maria nicht so viel Verstand habe, den Verirrten auf einen wohlanständigeren Weg zu führen, dies selbst zu übernehmen und ihr etwas ins Handwerk zu pfuschen, nicht ahnend, daß sie selbst das unbewußte Werkzeug der bereits einschreitenden Himmelskönigin war. Und alsogleich ging sie zu ihrem Vater, beschwerte sich bitterlich über die unangemessene Nachbarschaft der Buhldirne und beschwor ihn, dieselbe um jeden Preis vermittelst seines Reichtums und augenblicklich zu entfernen.

Der Alte verfügte sich, nach ihrer Anweisung, auch sogleich zu der Person und bot ihr eine gewisse Summe für ihr Häuschen, wenn sie es zur Stunde verlassen und ganz aus dem Revier wegziehen wolle. Sie verlangte nichts Besseres und war noch am gleichen Vormittag aus der Gegend verschwunden, während der Alte wieder hinter seinem Plato saß und sich nicht weiter um die Sache kümmerte.

Desto eifriger war nun Jole, das Häuschen von unten bis oben von allem räumen zu lassen, was an die frühere Besitzerin erinnern konnte, und als es gänzlich ausgefegt und gereinigt war, ließ sie es mit feinen Spezereien so durchräuchern, daß die wohlduftenden Rauchwolken aus allen Fenstern drangen.

Dann ließ sie in das leere Gemach nichts als einen Teppich, einen Rosenstock und eine Lampe hinübertragen, und als ihr Vater, welcher mit der Sonne zur Ruhe ging, eingeschlafen war, ging sie selbst hin, das Haar mit einem Rosenkränzlein geschmückt und setzte sich mutterseelenallein auf den ausgebreiteten Teppich, indessen zwei zuverlässige alte Diener die Haustüre bewachten.

Dieselben jagten verschiedene Nachtschwärmer davon; sobald sie dagegen den Vitalis herankommen sahen, verbargen sie sich und ließen ihn ungehindert in die offene Tür treten. Mit vielen Seufzern stieg er die Treppe hinan, voll Furcht, sich abermals genarrt zu sehen, und voll Hoffnung, endlich von dieser Last befreit zu werden durch die aufrichtige Reue eines Geschöpfes, welches ihn verhinderte, so viele andere Seelen zu retten. Allein wie erstaunte er, als er, in das Gemach getreten, dasselbe von all dem Flitterstaat der wilden roten Löwin geleert und statt ihrer eine anmutige und zarte Gestalt auf dem Teppich sitzend fand, das Rosenstöckchen sich gegenüber auf demselben Boden.

»Wo ist die Unselige, die hier wohnte!« rief er, indem er verwundert um sich schaute und dann seine Blicke auf der lieblichen Erscheinung ruhen ließ, die er vor sich sah.

»Sie ist fortgewandert in die Wüste«, erwiderte Jole, ohne aufzublicken, »dort will sie das Leben einer Einsiedlerin führen und büßen; denn es hat sie diesen Morgen plötzlich überkommen und darniedergeworfen gleich einem Grashalm, und ihr Gewissen ist endlich aufgemacht. Sie rief nach einem gewissen Priester Vitalis, daß er ihr beistehen möchte. Allein der Geist, der in sie gefahren, ließ sie nicht länger harren; die Törin raffte alle ihre Habe zusammen, verkaufte sie und gab das Geld den Armen, worauf sie stehenden Fußes in einem härenen Hemd und mit abgeschnittenem Haar, einen Stecken in der Hand, hinauszog, wo die Wildnis ist.«

»Gepriesen seist du, Herr! und gelobt deine gnadenvolle Mutter!« rief Vitalis, voll fröhlicher Andacht die Hände faltend, indem es ihm wie eine Steinlast vom Herzen fiel; zugleich aber betrachtete er das Mädchen mit seinem Rosenkränzchen genauer und sprach: »Warum sagtest du: die Törin? Und wer bist du? Von woher kommst du und was hast du vor?«

Die liebliche Jole richtete jetzt ihr dunkles Auge noch tiefer zur Erde; sie beugte sich vornüber und eine hohe Schamröte übergoß ihr Gesicht, da sie sich selbst der argen Dinge schämte, die sie vor einem Manne zu sagen im Begriffe war.

»Ich bin«, sagte sie, »eine verstoßene Waise, die weder Vater noch Mutter mehr hat. Dieser Teppich, diese Lampe und dieser Rosenstock sind die letzten Überbleibsel von meinem Erbe, und damit habe ich mich hier niedergelassen, um das Leben zu beginnen, das jene verlassen hat, welche vor mir hier wohnte!«

»Ei, so soll dich doch –!« rief der Mönch und schlug die Hände zusammen, »seht mir einmal an, wie fleißig der Teufel ist! Und dies harmlose Tierlein hier sagt das Ding so trocken daher, wie wenn ich nicht der Vitalis wäre! Nun, mein Kätzchen, was willst du tun? Sag's doch noch einmal!«

»Ich will mich der Liebe weihen und den Männern dienen, solange diese Rose lebt!« sagte sie und zeigte flüchtig auf den Strauch; doch brachte sie die Worte kaum heraus und versank vor Scheu beinah in den Boden, so duckte sie sich zusammen, und diese natürliche Scham diente der Schelmin sehr gut, den Mönch zu überzeugen, daß er es hier mit einer kindlichen Unschuld zu tun habe, die vom Teufel besessen mit beiden Füßen in den Abgrund springen wolle. Er strich sich vor Vergnügen den Bart, einmal so zur rechten Zeit auf dem Platz erschienen zu sein, und um sein Behagen noch länger zu genießen, sagte er langsam und humoristisch: »Und dann nachher, mein Täubchen?«

»Nachher will ich in die Hölle fahren als eine allerärmste Seele, wo die schöne Frau Venus ist, oder vielleicht auch, wenn ich einen guten Prediger finde, etwas später in ein Kloster gehen und Buße tun!«

»Gut so, immer besser!« rief er, »das ist ja ein ordentlicher Kriegsplan und gar nicht übel erraten! Denn was den Prediger betrifft, so ist er schon da, er steht vor dir, du schwarzäugiges Höllenbrätchen! Und das Kloster ist dir auch schon hergerichtet wie eine Mausfalle, nur daß man ungesündigt hineinspaziert, verstanden? Ungesündigt bis auf den sauberen Vorsatz, der indessen einen erklecklichen Reueknochen für dein ganzes Leben abgeben und nützlich sein mag; denn sonst wärst du kleine Hexe auch gar zu possierlich und scherzhaft für eine rechte Büßerin! Aber nun«, fuhr er mit ernster Stimme fort, »herunter vorerst mit den Rosen vom Kopf und dann aufmerksam zugehört!«

»Nein«, sagte Jole etwas kecker, »erst will ich zuhören und dann sehen, ob ich die Rosen herunternehme. Nachdem ich einmal mein weibliches Gefühl überwunden, genügen Worte nicht mehr mich abzu-

Päpstliche Zollwache

halten, eh ich die Sünde kenne, und ohne Sünde werde ich keine Reue kennen, dies gebe ich dir zu bedenken, ehe du dich bemühst! Aber immerhin will ich dich anhören!«

Jetzt begann Vitalis seine schönste Predigt, die er je gehalten. Das Mädchen hörte ihm anmutig und aufmerksam zu und ihr Anblick übte einen erheblichen Einfluß auf die Wahl seiner Worte, ohne daß er dessen inneward, da die Schönheit und Feinheit des zu bekehrenden Gegenstandes wie von selbst eine erhöhte Beredsamkeit hervorrief. Allein da es ihr nicht im mindesten ernst war mit dem, was sie frevelhafterweise vorgab, so konnte die Rede des Mönches sie auch nicht sehr erschüttern; ein liebliches Lachen schwebte vielmehr um ihren Mund, und als er geendigt und sich erwartungsvoll den Schweiß von der Stirne wischte, sagte Jole: »Ich bin nur halb gerührt von deinen Worten und kann mich nicht entschließen, mein Vorhaben aufzugeben; denn ich bin allzu neugierig, wie es sich in Lust und Sünden lebe!«

Wie versteinert stand Vitalis da und wußte nicht ein einziges Wort hervorzubringen. Es war das erstemal, daß ihm seine Bekehrungskunst gar so rund fehlgeschlagen. Seufzend und nachsinnend ging er im Gemach auf und nieder und besah dann wieder die kleine Höllenkandidatin. Die Kraft des Teufels schien sich hier auf unheimliche Weise mit der Kraft der Unschuld zu verbinden, um ihm zu widerstehen. Aber um so leidenschaftlicher gedachte er dennoch zu obsiegen.

»Ich geh nicht von der Stelle«, rief er endlich, »bis du bereust, und sollt ich drei Tage und drei Nächte hier zubringen!«

»Das würde mich nur hartnäckiger machen«, erwiderte Jole, »ich will mir aber Bedenkzeit nehmen und die kommende Nacht dich wieder anhören. Jetzt bricht der Tag bald an, geh deines Weges, indessen versprech ich, nichts in der Sache zu tun und in meinem jetzigen Zustand zu verbleiben, wogegen du versprechen mußt, nirgends meiner Person zu erwähnen und nur in dunkler Nacht hierherzukommen!«

»Es sei so!« rief Vitalis, machte sich fort, und Jole schlüpfte rasch in ihr väterliches Haus zurück.

Sie schlief nur kurze Zeit und erwartete mit Ungeduld den Abend, weil ihr der Mönch, dem sie die Nacht durch so nahe gewesen, noch besser gefallen hatte als sonst aus der Ferne. Sie sah jetzt, welch ein schwärmerisches Feuer in seinen Augen glühte und wie entschieden, trotz der geistlichen Kleidung, alle seine Bewegungen waren. Wenn sie sich dazu seine Selbstverleugnung vergegenwärtigte, seine Ausdauer in dem einmal Erwählten, so konnte sie nicht umhin, diese guten Eigenschaften zu ihrem eigenen Nutzen und Vergnügen verwendet zu wünschen, und zwar in Gestalt eines verliebten und getreuen Ehemannes. Ihre Aufgabe war demnach, aus einem wackeren Märtyrer einen noch besseren Ehemann zu machen.

In der kommenden Nacht fand sie Vitalis zeitig wieder auf ihrem Teppich, und er setzte seine Bemühungen um ihre Tugend mit unvermindertem Eifer fort. Er mußte fortwährend dazu stehen, wenn er nicht zu einem Gebete niederkniete. Jole dagegen machte es sich bequem; sie legte sich mit dem Oberleib auf den Teppich zurück, schlang die Arme um den Kopf und betrachtete aus halbgeschlossenen Augen unverwandt den Mönch, der vor ihr stand und predigte. Einigemal schloß sie die Augen, wie vom Schlummer beschlichen, und sobald Vitalis das gewahrte, stieß er sie mit dem Fuße an, um sie zu wecken. Aber diese mürrische Maßregel fiel dennoch jedesmal milder aus, als er beabsichtigte; denn sobald der Fuß sich der schlanken Seite des Mädchens näherte, mäßigte er von selbst seine Schwere und berührte nur sanft die zarten Rippen, und dessenungeachtet strömte dann eine gar seltsamliche Empfindung den ganzen langen Mönch hinauf, eine Empfindung, die sich bei allen den vielen schönen Sünderinnen, mit denen er bisher verkehrt, im entferntesten nie eingestellt hatte.

Jole nickte gegen Morgen immer häufiger ein; endlich rief Vitalis unwillig: »Kind, hörst du nicht, du bist nicht zu erwecken, du verharrst in Trägheit!«

»Nicht doch«, sagte sie, indem sie die Augen plötzlich aufschlug und ein süßes Lächeln über ihr Gesicht flog, gleichsam als wenn der nahende Tag schon darauf zu sehen wäre, »ich habe gut aufgemerkt, ich hasse jetzt jene elende Sünde, die mir um so widerwärtiger geworden, als sie dir Ärgernis erregt, lieber Mönch; denn nichts könnte mir mehr gefallen, was dir mißfällt!«

»Wirklich?« rief er voll Freuden, »so ist es mir doch gelungen? Jetzt komm nur gleich in das Kloster, damit wir deiner sicher sind. Wir wollen diesmal das Eisen schmieden, weil es noch warm ist!«

»Du verstehst mich nicht recht«, erwiderte Jole und schlug errötend die Augen wieder zu Erde, »ich bin in dich verliebt und habe eine zärtliche Neigung zu dir gefaßt!«

Vitalis empfand augenblicklich, wie wenn ihm eine

Hand aufs Herz schlüge, ohne daß es ihn jedoch dünkte, weh zu tun. Beklemmt sperrte er die Augen und den Mund auf und stand da.

Jole aber fuhr fort, indem sie noch röter wurde, und sagte leise und sanft: »Nun mußt du mir auch noch dies neue Unheil ausreden und verbannen, um mich gänzlich vom Übel zu befreien, und ich hoffe, daß es dir gelingen werde!«

Vitalis, ohne ein Wort zu sagen, machte kehrtum und rannte aus dem Hause. Er lief in den silbergrauen Morgen hinaus, statt sein Lager aufzusuchen, und überlegte, ob er diese verdächtige junge Person ein für allemal ihrem Schicksal überlassen oder versuchen solle, ihr diese letzte Grille auch noch auszutreiben, welche ihm die bedenklichste von allen und für ihn selbst nicht ganz ungefährlich schien. Doch eine zornige Schamröte stieg ihm ins Haupt bei dem Gedanken, daß dergleichen für ihn selbst gefährlich sein sollte; aber dann fiel ihm gleich wieder ein, der Teufel könnte ihm ein Netz gestellt haben, und wenn dem so wäre, so sei dieses am besten beizeiten zu fliehen. Aber feldflüchtig werden vor solchem federleichten Teufelsspuk? Und wenn das arme Geschöpfchen wirklich es gut meinte und durch einige kräftige grobe Worte von seiner letzten unzukömmlichen Phantasie zu heilen wäre? Kurz, Vitalis konnte nicht mit sich einig werden, und das um so weniger, als auf dem Grunde seines Herzens bereits ein dunkles Wogen das Schifflein seiner Vernunft zum Schaukeln brachte.

Er schlüpfte daher in seiner Bedrängnis in ein Gotteshäuschen, wo vor kurzem ein schönes altes Marmorbild der Göttin Juno, mit einem goldenen

Heiligenschein versehen, als Marienbild aufgestellt worden war, um diese Gottesgabe der Kunst nicht umkommen zu lassen. Vor dieser Maria warf er sich nieder und trug ihr inbrünstig seinen Zweifel vor, und er bat seine Meisterin um ein Zeichen. Wenn sie mit dem Kopfe nicke, so wolle er die Bekehrung vollenden, wenn sie ihn schüttle, so wolle er davon abstehen.

Allein das Bild ließ ihn in der grausamsten Ungewißheit und tat keins von beidem, weder nickte es, noch schüttelte es den Kopf. Nur als ein rötlicher Schein vorüberziehender Frühwolken über den Marmor flog, schien das Gesicht auf das holdeste zu lächeln, mochte es nun sein, daß die alte Göttin, die Beschützerin ehelicher Zucht und Sitte, sich bemerklich machte, ohne daß die neue über die Not ihres Verehrers lachen mußte; denn im Grunde waren beides Frauen und diese lächert es immer, wenn ein Liebeshandel im Anzug ist. Aber Vitalis wurde davon nicht klüger; im Gegenteil machte ihm die Schönheit des Anblickes noch wunderlicher zumut, ja merkwürdigerweise schien das Bild die Züge der errötenden Jole anzunehmen, welche ihn aufforderte, ihr die Liebe zu ihm aus dem Sinne zu treiben.

Indessen wandelte um die gleiche Zeit der Vater Joles unter den Zypressen seines Gartens umher; er hatte einige sehr schöne neue Steine erworben, deren Bildwerke ihn so früh auf die Beine gebracht. Entzückt betrachtete er dieselben, indem er sie in der aufgehenden Sonne spielen ließ: Da war ein nächtlicher Amethyst, worauf Luna ihren Wagen durch den Himmel führte, nicht ahnend, daß sich Amor hinten aufgehockt, während umherschwärmende Amoretten auf griechisch ihr zuriefen: Es sitzt einer hintenauf! Ein prächtiger Onys zeigte Minerva, welche achtlos sinnend den Amor auf dem Schoß hielt, der mit seiner Hand eifrig ihren Brustharnisch polierte, um sich darin zu spiegeln. Auf einem Karneol endlich tummelte sich Amor als ein Salamander in einem vestalischen Feuer herum und setzte die Hüterin desselben in Verwirrung und Schrecken.

Diese Szenen reizten den Alten zu einigen Distichen und er besann sich, welches er zuerst in Angriff nehmen wolle, als sein Töchterchen Jole blaß und überwacht durch den Garten kam. Besorgt und verwundert rief er sie an und fragte, was ihr den Schlaf geraubt habe? Ehe sie aber antworten konnte, zeigte er ihr seine Kleinode und erklärte ihr den Sinn derselben.

Da tat sie einen tiefen Seufzer und sagte: »Ach, wenn alle diese großen Mächte, die Keuschheit selbst, die Weisheit und die Religion sich nicht vor der Liebe bewahren können, wie soll ich armes unbedeutendes Geschöpf mich wider sie befestigen?«

Über diese Worte erstaunte der alte Herr nicht wenig. »Was muß ich hören?« sagte er, »sollte dich das Geschoß des starken Eros getroffen haben?«

»Es hat mich durchbohrt«, erwiderte sie, »und wenn ich nicht binnen Tag und Nacht im Besitz des Mannes bin, welchen ich liebe, so bin ich des Todes!«

Obgleich nun der Vater gewohnt war, ihr in allem zu willfahren, was sie begehrte, so war ihm diese Eile jetzt doch etwas zu heftig, und er mahnte die Tochter zu Ruhe und Besonnenheit. Letztere fehlte ihr aber keineswegs, und sie gebrauchte dieselbe so gut, daß der Alte ausrief: »So soll ich denn die elendeste aller Vaterpflichten ausüben, indem ich nach dem Erwählten, nach dem Männchen auslaufe und es an der Nase zum Besten hinführe, was ich mein nenne, und ihn bitte, doch ja Besitz davon zu nehmen? Hier ist ein schmuckes Weibchen, lieber Herr, bitte, verschmäh es nicht! Ich möchte dir zwar lieber einige Ohrfeigen geben, aber das Töchterchen will sterben und ich muß höflich sein! Also laß dir's doch in Gnaden belieben, genieße ums Himmels willen das Pastetchen, das sich dir bietet! Es ist trefflich gebacken und schmilzt dir auf der Zunge!«

»Alles das ist uns erspart«, sagte Jole, »denn wenn du es nur erlaubst, so hoffe ich ihn dazu zu bringen, daß er von selbst kommt und um mich anhält.«

»Und wenn er alsdann, den ich gar nicht kenne, ein Schlingel und ein Taugenichts ist?«

»Dann soll er mit Schimpf weggejagt werden! Er ist aber ein Heiliger!«

»So geh denn und überlaß mich den Musen!« sagte der gute Alte.

Als der Abend kam, folgte die Nacht nicht so schnell der Dämmerung, als Vitalis hinter Jole her im bekannten Häuschen erschien. Aber so war er noch nie hier eingetreten. Das Herz klopfte ihm, und er mußte empfinden, was es heiße, ein Wesen wiederzusehen, das einen solchen Trumpf ausgespielt hat. Ein anderer Vitalis stieg die Treppe hinauf, als in der Frühe heruntergestiegen war, obschon er selbst am wenigsten davon verstand, da der arme Mädchenbekehrer und verrufene Mönch nicht einmal den Unterschied zwischen dem Lächeln einer Buhldirne und demjenigen einer ehrlichen Frau gekannt hatte.

Doch kam er immerhin in der guten Meinung und mit dem alten Vorsatze, dem Ungeheuerchen jetzt endlich alle unnützen Gedanken aus dem Köpfchen zu treiben; nur schwebte ihm vor, als ob er nach gelungenem Werke dann doch etwa eine Pause in seiner Märtyrertätigkeit sich erlauben möchte, zumal ihn diese sehr zu ermüden begann.

Aber es war ihm beschieden, daß in dieser verhexten Behausung stets neue Überraschungen seiner warteten. Als er jetzt das Gemach betrat, war er aufs anmutigste ausgeziert und mit allen Wohnlichkeiten versehen. Ein fein einschmeichelnder Blumenduft erfüllte den Raum und stimmte zu einer gewissen sittigen Weltlichkeit; auf einem blühweißen Ruhebett, an dessen Seide kein unordentliches Fältchen sichtbar war, saß Jole herrlich geschmückt, in süß bekümmerter Melancholie, gleich einem spintisierenden Engel. Unter dem schönfaltigen Brustkleide wogte es so rauh wie der Sturm in einem Milchbecher, und so schön die weißen Arme erglänzten, die sie unter der Brust übereinandergelegt hatte, so sah doch all dieser Reiz so gesetzlich und erlaubt in die Welt, daß Vitalissens gewohnte Redekunst in seinem Halse steckenblieb.

»Du bist verwundert, schönster Mönch!« begann Jole, »diesen Staat und Putz hier zu finden! Wisse, dies ist der Abschied, den ich von der Welt zu nehmen gedenke, und damit will ich zugleich die Neigung ablegen, die ich leider zu dir empfinden muß. Allein dazu sollst du mir helfen nach deinem besten Vermögen und auf die Art, wie ich mir ausgedacht habe und wie ich von dir verlange. Wenn du nämlich in diesem Gewande und als geistlicher Mann zu mir sprichst, so ist das immer das gleiche, und das Gebaren eines Klerikers vermag mich nicht zu überzeugen, da ich der Welt angehöre. Ich kann nicht durch einen Mönch von der Liebe geheilt werden, da er sie nicht kennt und nicht weiß, von was er spricht. Ist es dir daher recht ernst, mir Ruhe zu geben und mich dem Himmel zuzuwenden, so geh in jenes Kämmerlein, wo weltliche Gewänder bereitliegen. Dort vertausche deinen Mönchshabit mit jenen, schmücke dich als Weltmann, setze dich nachher zu mir, um gemeinsam mit mir ein kleines Mahl einzunehmen, und in dieser weltlichen Lage biete alsdann all deinen Scharfsinn und Verstand auf, mich von dir ab- und der Gottseligkeit zuzudrängen!«

Vitalis erwiderte hierauf nichts, sondern besann sich eine Weile; sodann beschloß er, alle Beschwerde nun mit *einem* Schlage zu enden und den Weltteufel wirklich mit seinen eigenen Waffen zu Paaren zu treiben, indem er auf Joles eigensinnigen Vorschlag einging.

Er begab sich also wirklich in das anstoßende Gemach, wo ein paar Knechtlein mit prächtigen Gewändern in Linnen und Purpur seiner harrten. Kaum hatte er dieselben angezogen, so schien er um einen Kopf höher zu sein, und er schritt mit edlem Anstand zu Jolen zurück, welche mit den Augen an ihm hing und freudevoll in die Hände klatschte.

Nun geschah aber ein wahres Wunder und eine seltsame Umwandlung mit dem Mönch; denn kaum saß er in seinem weltlichen Staat neben dem anmutvollen Weibe, so war die nächste Vergangenheit wie weggeblasen aus seinem Gehirn, und er vergaß gänzlich seines Vorsatzes. Anstatt ein einziges Wort hervorzubringen, lauschte er begierig auf Joles Worte, welche seine

Hand ergriffen hatte und ihm nun ihre wahre Geschichte erzählte, nämlich wer sie sei, wo sie wohne und wie es ihr sehnlichster Wunsch wäre, daß er seine eigentümliche Lebensweise verlassen und bei ihrem Vater sich um ihre Hand bewerben möchte, auf daß er ein guter und Gott gefälliger Ehemann würde. Sie sagte noch viele wundersame Dinge in den zierlichsten Worten über eine glückliche und tugendreiche Liebesgeschichte, schloß aber mit dem Seufzer, daß sie wohl einsehe, wie vergeblich ihre Sehnsucht sei, und daß er nun sich bemühen möge, ihr alle diese Dinge auszureden, aber nicht, bevor er sich durch Speise und Trank gehörig dazu gestärkt habe.

Nun trugen auf ihren Wink ihre Leute Trinkgefäße auf den Tisch nebst einem Körbchen mit Backwerk und Früchten. Jole mischte dem stillen Vitalis eine Schale Wein und reichte ihm liebevoll etwas zu essen, so daß er sich wie zu Hause fühlte und ihm fast seine Kinderjahre in den Sinn kamen, wo er als Knäbchen zärtlich von seiner Mutter gespeist worden. Er aß und trank, und als dies geschehen, da war es ihm, als ob er nun vorerst von langer Mühsal ausruhen möchte, und siehe da, mein Vitalis neigte sein Haupt zur Seite, nach Jolen hin, und schlief ohne Säumnis ein und bis die Sonne aufging.

Als er erwachte, war er allein und niemand weder zu sehen noch zu hören. Heftig sprang er auf und erschrak über das glänzende Gewand, in dem er steckte; hastig stürmte er durch das Haus von oben bis unten, seine Mönchskutte zu suchen; aber nicht die kleinste Spur war davon zu finden, bis er in einem kleinen Höfchen einen Haufen Kohlen und Asche sah, auf welchem ein halbverbrannter Ärmel seines Priestergewandes lag, so daß er mit Recht vermutete, dasselbe sei hier feierlich verbrannt worden.

Er steckte nun vorsichtig den Kopf bald durch diese, bald durch jene Öffnung auf die Straße und zog sich jedesmal zurück, wenn jemand nahte. Endlich warf er sich auf das seidene Ruhebett, so bequem und lässig, als ob er nie auf einem harten Mönchslager geruht hätte; dann raffte er sich zusammen, ordnete das Gewand und schlich aufgeregt an die Haustüre. Dort zögerte er noch ein Weilchen; plötzlich aber riß er sie weit auf und ging mit Glanz und Würde ins Freie. Niemand erkannte ihn; alles hielt ihn für einen großen Herren aus der Ferne, welcher sich hier zu Alexandria einige gute Tage mache.

Er sah indessen weder rechts noch links, sonst würde er Jole auf der Zinne ihres Hauses gesehen haben. So ging er denn geraden Weges nach seinem Kloster, wo aber sämtliche Mönche samt ihrem Vorsteher eben beschlossen hatten, ihn aus ihrer Mitte zu verstoßen, weil das Maß seiner Sünden nun voll sei und er nur zum Ärgernis und Schaden der Kirche gereiche. Als sie ihn gar in seinem weltlichen hoffärtigen Aufzug ankommen sahen, stieß das dem Fasse ihrer Langmut vollends den Boden aus; sie besprengten und begossen ihn mit Wasser von allen Seiten und trieben ihn mit Kreuzen, Besen, Gabeln und Kochlöffeln aus dem Kloster.

Diese schnöde Behandlung wäre ihm zu anderer Zeit ein Hochgenuß und Triumph seines Märtyrtums gewesen. Jetzt lachte er zwar auch inwendig, aber in ziemlich anderem Sinne. Noch ging er einmal um die Ringmauern der Stadt herum und ließ seinen roten

Mantel im Winde fliegen; eine herrliche Luft wehte vom heiligen Lande her über das blitzende Meer, aber Vitalis wurde immer weltlicher im Gemüt und unversehens lenkte er seinen Ganz wieder in die geräuschvollen Straßen der Stadt, suchte das Haus, wo Jole wohnte, und erfüllte deren Willen.

Er wurde jetzt ein ebenso trefflicher und vollkommener Weltmann und Gatte, als er ein Märtyrer gewesen war; die Kirche aber, als sie den wahren Tatbestand vernahm, war untröstlich über den Abgang eines solchen Heiligen und wendete alles an, den Flüchtigen wieder in ihren Schoß zu ziehen. Allein Jole hielt ihn fest und meinte, er sei bei ihr gut genug aufgehoben.

Charles Dickens

DIE TANZAKADEMIE

Von allen Tanzakademien, die je etabliert wurden, war keine in ihrer unmittelbaren Nachbarschaft so beliebt wie die von Signor Billsmethi vom »King's Theatre«. Sie befand sich nicht in Springs Gardens oder Newman Street, Berners – oder Gower –, Charlotte – oder Percy Street oder irgendeiner der Straßen, die seit Menschengedenken freischaffenden Leuten, Apotheken und Pensionshäusern dienten; sie war überhaupt nicht im West-End, sondern gehörte eher zum östlichen Teil Londons, da sie in der dichtbevölkerten, stetig zunehmenden Nachbarschaft von Gray's-Inn-Lane lag. Es war keine teure Tanzschule – vier Schilling sechs Pence vierteljährlich ist im ganzen gesehen entschieden billig. Sie war wirklich sehr auserlesen; die Zahl der Schüler auf 75 begrenzt und die Vorauszahlung eines Quartalhonorars streng eingehalten. Es gab öffentlichen und Privatunterricht, einen Tanzsaal und ein Privatzimmer. Signor Billsmethis Familie war immer im letzten mit einbezogen sowie im Preis dafür; d. h., ein Privatschüler tanzte *in* Signor Billsmethis Salon *mit* dessen Familie, und wenn er darin genügend abgerichtet worden war, fing er mit dem Paartanz im Tanzsaal an. So ging's in der Tanzakademie von Signor Billsmethi zu, als Mr. Augustus Cooper aus der Fetter Lane zum ersten Mal eine ungestempelte Reklame gemächlich Holborn Hill hinabspazieren sah, der Welt verkündend, daß Signor Billsmethi vom »King's Theatre« beabsichtigte, die Saison mit einem Grand Ball zu eröffnen.

Nun war Mr. Augustus Cooper im Öl- und Farbenhandel tätig – soeben mündig geworden, mit etwas Kapital, einem kleinen Laden und einer kleinen Mutter, die, nachdem sie ihren Gatten und *sein* Geschäft zu dessen Lebzeiten geleitet hatte, nach dessen Ableben dazu überging, ihren Sohn und *sein* Geschäft zu leiten, und so war er so oder so an Wochentagen in dem kleinen Wohnstübchen hinter dem Laden und an Sonntagen in einer kleinen Kiefernholzschachtel ohne Deckel (aus Höflichkeit Kirchenstuhl genannt) in der Bethel-Kapelle und hatte nicht mehr von der Welt gesehen, als wenn er sein Leben lang ein Kind geblieben wäre. Während der drei Jahre jüngere White – vom Gasklempner gegenüber – in Saus und Braus gelebt hatte, ins Theater gegangen, bei Harmonie-Gesellschaften soupiert, Austern fäßchenvoll genossen, Starkbier gallonenweise getrunken, öfter sogar die ganze Nacht außer Haus verbracht und des Morgens so gelassen nach Hause gekommen, als ob nichts geschehen wäre. Deshalb beschloß Mr. Augustus Cooper, daß es mit ihm nicht mehr so weitergehen könnte, und hatte an jenem Morgen seiner Mutter gedroht, durchzubrennen, wenn sie ihm nicht sofort einen Hausschlüssel aushändigen würde. Und während er nun Holborn Hill hinabging und alle diese Angelegenheiten durchdachte und wie er wohl zum ersten Mal Zutritt in die vornehme Gesellschaft erhalten könnte, da blieben seine Augen auf Signor Billsmethis Reklame haften, und es ging ihm wie ein Blitzlicht auf, daß dies genau das sei, was er sich wünschte; denn er würde dann in der Lage sein, sich sofort einen vornehmen Bekanntenkreis aus den fünfundsiebzig Schülern à viereinhalben Schilling pro Quartal auszusuchen, zugleich würde er sich qualifizieren, in privater Gesellschaft zu seinem eigenen wundervol-len Behagen und zum großen Entzücken seiner Freunde, einen Matrosentanz vollführen zu können.

Also hielt er die Reklame – ein lebendes Sandwich, bestehend aus einem zwischen zwei Pappen geklemmten Jungen – an, und nachdem er ein sehr kleines Kärtchen mit Signor Billsmethis Adresse erhalten hatte, lief er geradewegs zu des Signors Wohnung und lief dazu noch sehr schnell, weil er fürchtete, daß die Liste der Fünfundsiebzig schon voll sein könnte, ehe er dort angelangt wäre. Der Signor war zu Haus und, was noch erfreulicher war, ein Engländer! So ein lieber Mann – und so höflich! Die Liste war noch nicht komplett, aber welch außergewöhnlicher Zufall, daß gerade nur noch ein Platz zu vergeben war, und sogar dieser wäre noch an ebendiesem Morgen besetzt gewesen, nur war Signor Billsmethi mit ihrem Empfehlungsschreiben nicht zufrieden gewesen und hatte die Lady nicht angenommen, da er befürchtete, sie wäre nicht exquisit genug.

»Und nun bin ich äußerst erfreut, Mr. Cooper«, sagte Signor Billsmethi, »daß ich sie nicht angenommen habe. Ich versichere Sie, Mr. Cooper – ich sage das

Der neue Orden

nicht, um Ihnen zu schmeicheln, da ich weiß, das berührt Sie nicht –, aber ich schätze mich unendlich glücklich, einen Gentleman von Ihrem Anstand und Manieren gewonnen zu haben, Sir.«

»Ich freue mich ebenfalls sehr, Sir«, sagte Mr. Cooper.

»Und ich hoffe, wir werden noch besser miteinander bekannt werden, Sir«, sagte Signor Billsmethi.

»Und ich bin sicher, daß wir es werden, Sir«, erwiderte Augustus Cooper. In diesem Augenblick öffnete sich die Tür, und eine junge Dame hüpfte herein, mit kurzgeschnittenen Locken rund um den Kopf, die Schuhe wie bei Sandalen mit rosa Bändern bis über die Fußgelenke hinauf geschnürt.

»Lauf nicht weg, Liebling«, sagte Signor Billsmethi; denn als die junge Dame hereinstürzte, wußte sie nicht, daß Mr. Cooper da war, und wollte nun in ihrer jungfräulichen Verlegenheit und Verwirrung sofort wieder davonrennen. »Du brauchst nicht wegzulaufen, Liebling«, sagte Signor Billsmethi, »das ist Mr. Cooper – Mr. Cooper aus der Fetter Lane. Mr. Cooper, meine Tochter, Sir – Miss Billsmethi, Sir, die hoffentlich das Vergnügen haben wird, viele Quadrillen, Menuetts, Gavotten, Reihentänze, Fandangos, Matrosentänze und Müllertänze mit Ihnen zu tanzen, Sir. Sie tanzt sie alle, Sir, und dasselbe werden Sie können, Sir, bevor Sie ein Vierteljahr älter sind.« Und Signor Billsmethi klopfte dabei Mr. Augustus Cooper so vertraulich auf die Schulter, als ob er ihn bereits viele Jahre gekannt hätte – so freundlich! Und Mr. Cooper verbeugte sich aufs höflichste vor der jungen Dame, und die junge Dame knickste aufs zierlichste vor ihm, und Signor

Billsmethi sagte, sie gäben ein hübsches Paar ab, wie man es nur selten zu sehen bekäme. Daraufhin schrie die junge Dame auf: »Herrgott, Pa!« und lief rot an, wie auch Mr. Cooper. Man hätte glauben können, sie stünden unter der roten Laterne vor einer Apotheke. Bevor Mr. Cooper sich empfahl, wurde vereinbart, daß er noch am selben Abend im Familienkreis erscheinen – »ohne alle Umstände, nur keine Zeremonien oder ähnlichen Unsinn« – und seine ersten Stellungen lernen sollte, damit er keine Zeit verlieren und somit imstande sein werde, gleich am ersten Ball teilzunehmen.

Nun wohl, Mr. Augustus Cooper ging sofort zu einem der billigen Schuhmacher in Holborn, wo es Herrentanzschuhe für sieben Schilling und sechs Pence und Arbeitsschuhe nahezu umsonst gibt, und kaufte sich ein paar lange, spitze mit weitem Ausschnitt, in der Stadt gefertigte, reguläre Sieben-und-Sechser, in denen er sich selbst nicht weniger bewunderte als seine Mutter, und machte sich dann auf den Weg zu Signor Billsmethi. Im Salon fand er noch vier andere Privatschüler vor, zwei Damen und zwei Herren. Was für nette Leute das waren! Kein bißchen stolz. Eine Lady war besonders umgänglich; sie übte sich als Colombine, und sie und Miss Billsmethi zeigten sich sehr an Mr. Cooper interessiert, scherzten mit ihm und lächelten und waren so bezaubernd, daß er sich ganz wie zu Hause fühlte und seine Pas im Nu lernte. Nachdem die Übung beendet war, tanzten Signor Billsmethi und Miss Billsmethi und Master Billsmethi und eine junge Lady und die beiden Ladies und die beiden Gentlemen eine Quadrille – nicht das gewöhnliche Schlürfen und Geschiebe, sondern ordentliche Arbeit, die warm macht; sie flogen in den Winkeln umher, hüpften zwischen den Stühlen durch und sausten durch die Tür hinaus – das hatte wirklich was mit Tanzen zu tun! Besonders Signor Billsmethi befleißigte sich, obwohl er eine kleine Geige in der Hand hielt und immerfort fiedelte, jede Figur aufs beste auszuführen, und als alle anderen schon nach Luft schnappten, tanzte Master Billsmethi mit dem Spazierstock in der Hand und einem Käseteller auf dem Kopf zur Bewunderung der ganzen Gesellschaft einen Matrosentanz. Da nun alle dermaßen fröhlich waren, bestand Signor Billsmethi darauf, daß sie zum Abendessen bleiben müßten, und schlug vor, den jungen Billsmethi nach Bier und Rum zu schicken. Darauf versicherten die beiden Gentlemen, daß »es ihnen vulgär vorkäme, wenn sie dies gestatten würden«, und waren eben dabei, sich zu streiten, wer von ihnen bezahlen sollte, als Mr. Augustus Cooper sagte, er würde es gern tun, wenn sie so freundlich wären, es ihm zu erlauben. Und sie waren so freundlich und gestatteten es! Der junge Billsmethi brachte dann das Bier in einer Kanne und den Rum in einem Quarteltopf. Es war eine herrliche Abendgesellschaft; Miss Billsmethi drückte Mr. Augustus Coopers Hand unter dem Tisch, und Mr. Augustus Cooper erwiderte das Drücken und kehrte etwa gegen sechs Uhr morgens nach Hause zurück, wo ihn der Lehrling mit Brachialgewalt zu Bett bringen mußte, nachdem er etliche Male den nicht zu unterdrückenden Wunsch geäußert hatte, seine verehrte Mutter aus dem Fenster im zweiten Stock zu werfen und den Lehrling mit dessen eigenem Halstuch zu erwürgen.

Seitdem waren die Wochen dahingegangen und die

Sieben-und-sechs-Pence-Schuhe fast durchgetanzt, als der Abend des großen Galaballs heranrückte, auf dem alle fünfundsiebzig Schüler zum ersten Mal in dieser Saison zusammenkommen und einen Teil ihrer dafür gezahlten vier Schillinge und sechs Pences in Form von Lampenöl und Fiedlern wieder herausholen sollten. Mr. Augustus Cooper hatte sich für diese Gelegenheit einen neuen Frack bestellt – ein tolles Zwei-Pfund-zehn-Schilling-Stück von Turnstile. Es war sein erstes öffentliches Auftreten, und nachdem vierzehn junge Ladies maskiert und in entsprechenden Kostümen einen großartigen sizilianischen Shawltanz aufgeführt hatten, hatte er die Ehre, die Quadrillen mit Miss Billsmethi persönlich zu eröffnen, mit der er inzwischen ganz intim geworden war. War *das* ein Abend! Es war alles in bewundernswerter Weise arrangiert. An der Haustür nahm der Sandwichjunge die Hüte und Kappen in Empfang; im Hinterzimmer bereitete Miss Billsmethi auf einer Klappbettstelle für Gentlemen, die dafür zu zahlen bereit waren, und Ladies, die damit freigehalten wurden, Glühwein aus rotem Portwein, und Limonade wurde – für achtzehn Pence pro Kopf »frei herumgereicht«, und nach einer mit dem Gasthaus an der Straßenecke getroffenen Absprache war noch ein Extra-Laufbursche angestellt worden. Kurz, nichts konnte die Arrangements übertreffen als die Gesellschaft selbst. Was für Ladies! Was für rosafarbene Seidenstrümpfe! Welch herrliche Kunstblumen! Welche Unzahl von Cabriolets! Kaum hatte eines ein Paar Damen abgesetzt, fuhr schon das nächste vor und setzte wieder ein Paar ab, und sie alle kannten nicht nur einander, sondern auch die Mehrheit der Gentlemen obendrein, was alles so vorzüglich und vertraulich machte wie nur möglich. Signor Billsmethi, in schwarzen enganliegenden Unaussprechlichen und einer breiten blauen Schleife im Knopfloch, stellte die Ladies den ihnen unbekannten Gentlemen vor, und die Damen schwatzten, und wie sie lachten! – es war eine Lust, sie zu sehen.

Der Shawltanz war die aufregendste Sache, die je zu sehen war; es gab ein solches Huschen und Rauschen und Schwingen und die Damen mit Kunstblumen umwinden und wieder herauswinden! Und Mr. Augustus Coopers Anteil an der Quadrille: Er meisterte ihn in bewundernswerter Weise! Gewiß, ab und zu verschwand er plötzlich von seiner Partnerin und entdeckte dabei, daß er mit lobenswerter Ausdauer zwischen einem anderen Paar tanzte, oder er hüpfte ohne ersichtliches Ziel zwischen den Paaren umher; im allgemeinen aber gelang es ihnen, ihn aus ihrer Figur hinauszuschieben, bis er sich wieder am richtigen Platz befand. Wie nun auch immer, am Schluß kamen viele Damen und Herren zu ihm und gratulierten ihm aufs herzlichste und sagten, sie hätten noch nie in ihrem Leben derartige Leistungen von einem Anfänger gesehen, und Mr. Augustus Cooper war mit sich außerordentlich zufrieden und obendrein mit der ganzen Gesellschaft und »stiftete« zum Nutzen und Frommen von einigen Dutzend ganz besonderen Freunden, den Auserwählten des auserwählten Zirkels von fünfundsiebzig Schülern, beträchtliche Quantitäten von Whisky und Soda, Glühwein und anderen Mixturen.

Waren es nun die starken Getränke oder die Schönheit der Damen oder was sonst, jedenfalls geschah es, daß Mr. Augustus Cooper die sehr schmeichelhaften Aufmerksamkeiten einer jungen Lady in braunem Flor über weißem Kattun, die von Anfang an offensichtlich sehr von ihm beeindruckt war, eher ermutigte, als zurückwies; und als die Ermutigungen kein Ende nahmen, ließ Miss Billsmethi ihrem Zorn und ihrer Eifersucht freien Lauf, indem sie die junge Lady eine »Krähtur« schimpfte, was die junge Lady zu höhnischen Sticheleien veranlaßte, die sich auf die vierteljährliche Zahlung von vier Schilling und sechs Pence bezogen. Mr. Augustus Cooper, der sich zur Zeit in einem Zustand beträchtlicher Verwirrung befand, tat seine völlige Übereinstimmung damit kund. Dermaßen auf die himmelschreiendste Weise vor der ganzen Gesellschaft bloßgestellt, fing Miss Billsmethi in den höchsten Tönen zu kreischen an – vierzehn Schreie pro Minute! Und da dies nichts nützte, fiel sie mit ihren Krallen über Gesicht und Augen zunächst der Lady im Flor, sodann von Mr. Augustus Cooper her, schrie den übrigen dreiundsiebzig Schülern, in Wahnsinn ausbrechend, zu, man solle ihr Oxalsäure zu trinken geben, und weil niemand ihr Verlangen stillte, überfiel sie erneut Mr. Augustus Cooper, worauf man ihr endlich das Schnürband aufriß und sie zu Bett brachte. Da Mr. Augustus Cooper ziemlich begriffsstutzig war, war es ihm völlig unverständlich, was das alles bedeuten sollte, bis Signor Billsmethi es auf die befriedigendste Art und Weise erklärte, indem er den Schülern auseinandersetzte, daß Mr. Augustus Cooper seiner Tochter zu den verschiedensten Gelegenheiten die Ehe versprochen und dies wiederholt bestätigt und sie nun aufs hinterhältigste betrogen hätte. Darüber zeigten sich alle

Schüler äußerst erbost, und als mehrere ritterliche Gentlemen Mr. Augustus Cooper sehr eindringlich fragten, ob er »nicht etwas benötigte«, oder, mit anderen Worten, vielleicht eine Tracht Prügel beziehen möchte, hielt er es fürs klügste, sich schleunigst aus dem Staub zu machen.

Das Ende vom Lied war ein Brief, der am nächsten Tag von einem Rechtsanwalt eintraf, und eine gerichtliche Klage in der darauffolgenden Woche und daß Mr. Augustus Cooper, nachdem er zweimal in der Absicht zur Serpentine im Hyde-Park gegangen war, sich zu ertränken, und zweimal zurückgekommen war, weil er es nicht fertiggebracht hatte, seiner Mutter alles anvertraute, die die Angelegenheit mit Hilfe von zwanzig Pfund Sterling aus der Ladenkasse beilegte: Das machte also zwanzig Pfund und vier Schillinge und sechs Pences, die an Signor Billsmethi zu zahlen waren, nicht gerechnet die Tanzschuhe und was Mr. Cooper der Gesellschaft spendiert hatte. Und Mr. Augustus Cooper verfiel in seinen alten Trott und blieb bei seiner Mutter, wo er bis zum heutigen Tag lebt. Und weil er keinerlei Ehrgeiz mehr verspürt, in Gesellschaften zu gehen, und nichts mehr von der Welt wissen will, wird er leider nie diesen Bericht lesen und also auch nie klüger werden.

Otto Ernst

WIE MAN APHORISMEN »MACHT«

So vertieft in deine Arbeit?« frug ich meinen Freund, den Schriftsteller Wortdeichsler. »Was schreibst du denn? Ich dachte, wir wollten zusammen ins Theater gehen?«

»Werden wir auch! Ich will nur schnell noch ein Dutzend Aphorismen machen!«

»Aber wir haben nur noch eine Viertelstunde Zeit!«

»Eine ganze Viertelstunde? – Da kriege ich mindestens zwanzig Stück fertig! Bitte, nimm die Feder, ich werde diktieren! – Du kannst mir übrigens helfen. Schlage einmal den ›Buchmann‹ auf!«

»Welche Seite?«

»Weiß ich's? – Irgendeine!«

Ich gehorchte. »Seite 365.«

»Bitte, lies mal vor!«

»Kürze ist des Witzes Seele –«

»Halt! Sehr gut! Das gibt drei Aphorismen! Schreibe: Bei Witzen und Mädchenröcken – nein, das geht nicht! Einen Augenblick! – Jetzt hab' ich's: ›Je länger der Witz, desto kürzer der Erfolg.‹«

»Du?«

»Ja?«

»Ist das der Aphorismus?«

»Der ist sogar vorzüglich! Die Blätter werden sich drum reißen! Aber, bitte, keine langen Reden, sonst werde ich nicht fertig! Jetzt kommt der zweite Aphorismus! Den machen wir über die Seele. Schreibe: ›Die Seele mancher Menschen gleicht einem Witze.‹«

»Wieso gleicht sie einem Witze?«

»Ich habe keine Ahnung! Aber das kommt gleich! Nur einen Augenblick nachdenken … ›gleicht einem Witze‹ … hurra, hat ihm schon: ›wenn man sie einmal kennt, kann man nicht mehr drüber lachen‹!«

»Soll das geistreich sein?«

»Nein, sondern ein Aphorismus! Schreibe, bitte: ›Zu nichts gehört weniger Geist als zum Geistreichsein‹.«

»Jetzt fehlt noch der Dritte im Bunde! – Der Dritte? – Da fällt mir was bei ein: ›Die Ehe ist ein Skatspiel. Deshalb gehören auch dreie dazu‹. – Hast du's?«

»Mensch, du bist entweder übergeschnappt oder du stellst dich dümmer, als du bist!«

»Sehr gut! Ausgezeichnet! Schreibe das gleich nieder. ›Für verrückt hält die Welt einen Menschen, der entweder zu dumm ist oder zu klug‹! – So! Also, jetzt kommt wieder die Kürze als Seele des Witzes dran! Weißt du was? Drehen wir das Zitat einfach um. ›Die Kürze ist der Witz der Seele‹!«

»Blödsinn!«

»Ganz deiner Ansicht! Also machen wir's anders, wir haben ja Zeit! Sagen wir das Gegenteil davon: ›Der Prüfstein des Ernstes ist die Dauer.‹«

»Verstehst du das?«

»I wo! Aber siehst du, weder der Redakteur noch der Leser werden es verstehen, folglich wird es als tiefsinnig gelten. – Das ist notabene gleichfalls wieder ein Aphorismus. Schreibe: ›Der Unsinn ist der Zwillingsbruder des Tiefsinns; sie gleichen einander so, daß sie oft nicht einmal der Vater unterscheiden kann.‹«

»Leidest du schon lange an dieser Krankheit?« erkundigte ich mich teilnehmend.

»Seitdem ich weiß, daß solche Pseudoweisheit gedruckt und honoriert wird! – Wie viele haben wir bis jetzt?«

»Ich werde nachzählen! Sieben Stück!«

»Macht vierzehn Mark! In fünf Minuten! Ja, mein Lieber, wir leben im Zeitalter der Elektrizität!«

»Soll ich eine neue Seite im ›Buchmann‹ aufschlagen?«

»Bitte! – Oder nein, machen wir's anders! Schlage, bitte, irgendeine Seite im Konversationslexikon auf!«

»Geschah bereits!«

»Was steht alles auf dieser Seite! Lies mal vor!«

»Hühner, Hühneraugen, Hühnercholera –«

»Vortrefflich! Hühneraugen ist prachtvoll!«

»Geschmackssache! Wie gedenkst du übrigens aus einem Hühnerauge einen Aphorismus zu machen?«

»Auf sehr einfache Weise. Ich suche ein tertium comparationis. Hühneraugen sind am Fuß. Was hat außer dem Menschen sonst alles Füße?«

»Der Tisch, der Vers, der –«

»Der Vers! Schreibe: ›Die überzähligen Silben sind die Hühneraugen der Versfüße.‹«

»Pfui Deiwel wie schön!«

»Diese Kritik ist ein neuer Aphorismus: ›Für den vollendeten Ästhetiker hat selbst die Häßlichkeit einen gewissen Grad von Schönheit.‹ – Was sagst du nun?«

»Ich sage nichts, ich denke nur!«

»Ausgezeichnet! Schreibe das nieder: ›Die treffendsten Kritiken werden nicht geschrieben, sondern gedacht. Wie würden unsere Schriftsteller erst über die Verrohung der Kritik zetern, wenn sie Gedanken lesen könnten!‹ – Wieviele Aphorismen haben wir jetzt?«

»Zehn.«

»Fehlen noch zwei. Machen wir noch was über das menschliche Leben! In jeder Aphorismenserie muß anstandshalber auch ein Aphorismus über das menschliche Leben sein. Das Publikum kann das für sein gutes Geld verlangen. – Sieh mal im ›Zitatenschatz‹ unter ›Leben‹ nach!«

»La–Lau–Le–Leben, hier ist es: ›Das Leben ist ein Traum – Ich habe nichts als mein Leben, das muß ich dem Könige geben – Das Leben ist der Güter höchstes nicht – Das Leben ist ein Kampf – Gibt's ein schönres Leben als Studentenleben – Grün ist das Le–‹«

»Genug! ›Das Leben ist ein Kampf.‹ Wer hat das gesagt?«

»Hiob.«

»Dann brauchte ich das eigentlich gar nicht umzuändern. Wer kennt Hiob? Aber ich will nobel sein. Schreibe: ›Der Tod ist ein Waffenstillstand.‹«

»Und die Erbschaft der Friedensschluß.«

»Bravo, du lernst was von mir!«

»Ja, Dummheiten lernt man immer am leichtesten.«

»Schreibe das auf: ›Die Dummheit ist der klügste Lehrmeister: sie hat die meisten und gelehrigsten Schüler.‹«

»Schluß! Zwölf Stück! Oder gibst du noch einen als Zuwage?«

»Du hast mir ihn ja eben selbst diktiert. Schreibe:

›Aphorismen sind die Zuwage in der großen Metzgerei des menschlichen Geistes.‹ – Nun ein Kuvert und die Adresse an die Redaktion geschrieben – so! Eine Zehnermarke drauf! Uff, das Tagewerk ist vollbracht!«

Er nahm Hut und Mantel und machte sich zum Gehen bereit. Ich wagte eine schüchterne Frage: »Wenn dir aber niemand den Kohl abnimmt?«

Er lachte. »Dann nenne ich das Zeug ›Chinesische Sprichwörter‹ oder ›Lichtstrahlen aus den Werken des abessynischen Philosophen Lütitit‹, und ich bringe es an den Mann!«

»Zweifellos! Glaubst du ein Mann ohne Menschenkenntnis würde es wagen, solches Blech für Aphorismen auszugeben?«

»Aber es ist 3/4 7 Uhr! Wir müssen uns auf den Weg machen. Hoffentlich kriegen wir noch einen guten Platz!«

Von morgen ab werde ich gleichfalls Aphorismen schreiben.

Christian Wagner

DIE MARTERSTIEFEL

Ja gewiß, er war ein lieber gefälliger Nachbar, dieser Schuhmacher Auer. Jahraus, jahrein, vornehmlich in den langen Abenden des Winters war die ganze Stube voll von Nachbarn, selbst Unterdörfern, das heißt solchen, die einen weiteren Weg zu gehen hatten. Es war, was man hier einen Männervorsitz zu heißen pflegt. Da saßen sie herum auf der Bank: der alte Goßper, der Philipple, der immer mit dem Kopf wackelte, der Tobias, der Schützenhansjörg und Gott weiß welche. Da wurden nun die Tagesneuigkeiten besprochen: des Michels Christian hatte ein Schwein verkauft, der Basche ein Kalb um soundso viel Gulden; das Dorle war gestorben, und auf den Fünfzehnten des Monats war Teilung angesagt; der Heckenbeerle hatte soeben noch ein Wägelchen Brennholz nach Stuttgart geladen usw. Nun, dies alles wäre recht und gut und völlig harmlos gewesen, wenn diese Besuche nicht auch Verpflichtungen mit sich gebracht hätten. Anständigerweise mußte doch ein jeder dieser Besucher für sich selbst und seine Angehörigen Schuhe und Stiefel hier machen lassen, und so traf auch mich das leidige Los, Weheträger zu werden. Doch nicht, als ob der gute Mann lumpige Arbeit geliefert hätte, nein, im Gegenteil: es waren solide und unzerreißbare Stiefel, die er machte. Nur schade, daß ihr Träger fast daran zugrunde ging. Denn nicht die Stiefel gingen kaputt, sondern der Unglücksmensch, der verurteilt war, sie zu tragen. Pechstiefel vorsintflutlicher Art mit Drähten so dick wie eine Schnur und Nägelköpfen wie ein Kupferkreuzer.

Welche Qual diese Stiefel nur an einem einzigen Tag verursachten, läßt sich überhaupt nicht in Worten schildern. Vollends wenn es sich traf, daß ich einen weiteren Weg, etwa nach Stuttgart, zu gehen hatte. Am Frauenkreuz, kaum eine Stunde von hier, hatte ich schon wunde Knöchel und blutrünstige Schienbeine. So probierte ich's dann, barfuß zu gehen. Nun, das wäre köstlich gewesen, aber da kamen Leute, vor denen ich mich schämte, da kam die Stadt, in deren Straßen ich doch unmöglich barfuß umhergehen konnte, und den Schmerz verbeißend, zog ich sie wieder an. Möge doch keiner der Leser die Unzerstörbarkeit dieser Stiefel anzweifeln. Heute noch kommt der eine oder andere, von Pflug oder Schaufel aufgewühlt, zum Vorschein; unversehrt wie ein fränkisches Schwert oder eine römische Münze, zementartig gehärtet von der Nässe des Bodens.

Und sollte je einmal meiner poetischen Versuche halber, vielleicht erst nach Jahrhunderten, ein Antiquitätensammler, vielleicht Spezialist für Reliquien ländlicher Dichter, es unternehmen, meinen Überresten nachzuspüren, so möchte ich ihm hierfür besonders den Acker hinter der Scheune, jetzt Garten, vorschlagen, wo er unfehlbar diese Marterstiefel noch auffinden wird, und zwar genau in gleicher Dauerhaftigkeit als zur Zeit, als ich sie getragen. Falls jedoch dieser ehrsame, vielleicht arme Finder, möglicherweise Dichter, dieselben ihres guten Zutandes wegen noch zu benützen gedächte, so lege ich, um ruhig sterben zu können, feierlichst Verwahrung hiegegen ein, da sie von Rechts wegen nur in eine Sammlung von Folterwerkzeugen gehören. Es sei ihm Nürnberg hiezu empfohlen.

Ottilie Wildermuth

DIE JAMMERBASE

Es ist eine uralte Tradition, die bis auf den heutigen Tag auf Treu und Glauben hin angenommen wird, daß nur der Glückliche Freunde habe, der Unglückliche aber freundlos und verlassen sei. Wer das Leben näher ansieht, wird jedoch gar oft das Gegenteil finden. Mancher hat erst im Unglück erfahren, wie viele gute Freunde er hatte; viele, die wir in ihren guten Tagen unbeachtet dahinziehen ließen, werden uns erst wichtig und interessant, wenn ein unerwartetes Leid über sie hereingebrochen ist. Ist der Jammer vorüber, so läßt man sie getrost wieder ihres Weges gehen. Diese Sympathie fürs Unglück erstreckt sich ja bis auf den Verbrecher, der auf dem Schafott stirbt.

Eine solche Freundin des Unglücks, die von der schnöden Welt schlechten Dank erfuhr, war Frau Christiane Krauthöfer, zunächst von der Familie, allmählich aber im Kreis ihrer Bekanntschaft schlechtweg die Jammerbase genannt und als solche weit und breit gefürchtet.

Und doch gab es niemand, der nachweisen konnte, daß ihm Frau Krauthöfer jemals etwas zuleide getan, im Gegenteil, es war fast niemand, dem sie nicht schon, sei es auch nur mit ihrer Teilnahme, beigesprungen wäre, weshalb sie auch in ihren jüngeren Tagen der Beisprung genannt worden war. Jetzt hätte diese Bezeichnung zu leichtfüßig geklungen für ihr ehrwürdiges Alter, mit dem Springen ging's nimmer, aber mit dem Beistehen noch in alle Wege.

Solange es euch wohlging, hättet ihr gute Ruhe vor der Frau Krauthöfer gehabt, ihr bekamt sie dann nicht einmal zu Gesichte. Wer ihr ein glückliches Ereignis anzeigte, eine fröhliche Verlobung, ein gut bestandenes Examen, die glückliche Geburt eines Kindes, der wurde mit einem ziemlich schnöden »so« oder »ist mir eins« von ihr abgefertigt; sagte ihr aber eine Nachbarin im Vorbeigehen: »Denken Sie, Frau Krauthöfer, 's Müllers Kind ist gestern die Leiter hinuntergefallen und hat beide Füß' gebrochen und ein paar Arm'!«, dann dämmerte durch die mitleidige Miene der Frau Krauthöfer ein gewisser Ausdruck der Befriedigung, und sie machte sich ungesäumt auf nach der Mühle, mit Leinwand und Bandagen versehen. Wenn sich nun auch das Unglück nur als ein einfacher Beinbruch nebst Loch im Kopf darstellte, so blieb doch die Jammerbase getreulich bei der Müllerin, bis die Magd den Kopf zur Tür hereinstreckte. »Wisset Ihr's schon?« – »Was? Was?« – »Mit's Stadtpflegers und 's Akzisors hat's Händel geben, jetzt ist d' Brautschaft wieder ausgegangen mit em Minele und 's Akzisors Sohn.« Nun war ihres Bleibens nicht mehr. Nachdem sie der Müllerin noch Vorsicht empfohlen und den herzlichen Wunsch ausgedrückt, daß der Kleine nicht lebenslänglich ein Krüppel bleibe, eilte sie davon, zuerst zu Akzisors, um ihnen ihre Teilnahme zu bezeugen und zu sagen, daß sie von

Einsiedler

Stadtpflegers immer seien über die Achsel angesehen worden, dann zu Stadtpflegers, wo sie das weinende Minele mit der Versicherung tröstete, daß der Fritz sie von jeher nur um des Geldes Willen gewollt habe.

Nach wohlvollbrachtem Tagewerk wollte sie sich eben nach Hause begeben, da begegnete ihr die Frau Kollaboratorin. Diese war eine befreundete Erscheinung für die Jammerbase, wie wir sie der Kürze halber nennen wollen, zwar ging es ihr leidlich wohl, aber sie hatte sieben eigene Kinder und fünfzehn Kostgänger, da gingen die Drangsale nie ganz aus, und Frau Krauthöfer war gewiß, hier fast immer kurzes Futter für ihren Leidenshunger zu finden, wenn es sonst keine großartige Nahrung dafür gab.

»Wie geht's, Frau Kollaborator?« fragte sie. – »Recht ordentlich, dank der Nachfrage, aber man ist eben nie ganz fertig, jetzt wäre der Krampfhusten vorbei, nun klagt aber des Amtmanns Fritz von Hausen über Kopfweh.« – »Auch Hitze?« fragt begierig Frau Krauthöfer. – »Das eben nicht, ich denke auch, es hat nichts auf sich, doch habe ich ihn zur Fürsorge ins Bett geschickt.« – »Haben Sie schon einen Boten an Amtmanns geschickt?« – »Bewahre, was denken Sie, wer wird die Leute so erschrecken? Morgen ist der Bub vielleicht wieder wohl.« – »So? Haben Sie nicht gehört, daß in Bezgenried die natürlichen Blattern ausgebrochen sind, und in Stuttgart sei das Scharlachfieber äußerst bösartig. Bei so vielen eigenen und fremden Kindern könnte es doch Pflicht sein, den Buben baldmöglichst fortzuschaffen.« – »Er liegt in einem besonderen Stübchen«, sagte die ängstlich werdende Frau. »Auch ist ja Bezgenried und Stuttgart noch weit von uns, ich muß jedenfalls bis morgen warten, will ihm indessen Tee machen.«

Frau Krauthöfer war aber nicht gesonnen zu warten, obgleich bereits der Abend dämmerte; sie ging in eigener Person in der Stadt umher, bis sie einen Kutscher auftrieb, der sie noch nach Hausen führte, denn selbst Geldopfer scheute sie nicht, wenn es galt, beizuspringen. Amtmanns waren eben im Begriffe, zu Bette zu gehen, als sie noch ein Gefährt anfahren und die Glocke ziehen hörten.

»Was ist's um Himmels willen?« fragte die Amtmännin erschrocken. Der Amtmann eilte hinab und brachte den späten Gast herauf. Beim Anblick der wohlbekannten langen, dürren Gestalt war die Amtmännin erst betroffen. »Ach, Sie sind's, Frau Krauthöfer, wir haben schon lang nimmer's Vergnügen gehabt.« – »Freilich nicht«, erwiderte diese, »seit dem Unglück mit dem armen Paule, der Ihnen beim Waschen an den Ofen gefallen ist; ich hab' damals wohl gedacht, daß das noch des armen Kindes Tod sein werde, eine solche Verletzung gibt eben leicht etwas Zehrendes.«

Der Amtmann winkte ihr erschrocken mit der Hand, niemand hatte je diese immer noch blutende Wunde bei seiner Frau berührt. »Was verschafft uns denn so spät noch das Vergnügen?« fragte er, um sie zu unterbrechen. – »Ja, ich muß mich recht entschuldigen, aber es ist nur wegen Ihrem Fritz.« – »Was ist's mit dem?« fragte die tödlich eschrockene Mutter. – »Drum, sehen Sie! Die natürlichen Blattern sind in der Nähe und auch das bösartige Scharlachfieber, nun hat sich Ihr Fritz an Kopfweh und Hitze gelegt, und so fängt's gerade an. Die Kollaboratorin wollte Sie nichts mehr wissen lassen, ich aber dachte: wozu hat man gute Freunde? – und ließ mich's nicht verdrießen, noch selbst zu kommen.« – »Sehr verbunden«, sagte der Amtmann. Da ihm bei näherem Befragen die Sache minder gefährlich schien, so entschied er, daß für den angenehmen Gast ein Bett aufgemacht und auf den nächsten Morgen ein großes Gefährt bestellt wurde, um im Notfall den Knaben heimzunehmen. Aber siehe da, wie sie gegen die Schulpforte fuhren, kam ihnen der Fritz mit roten Backen und mit einem kolossalen Stück Brot entgegen, das seine Wiederherstellung unzweifelhaft bestätigte.

Das Amtshaus behielt auf lange Ruhe vor der Jammerbase, die dem Fritz seine rasche Genesung nie verzeihen konnte.

Die Jammerbase fühlte sich nicht nur von wirklichem Jammer angezogen, sie witterte oft auch Unglück zum voraus, und der Pfarrer zu Glockenheim behauptet noch bis auf den heutigen Tag, der große Brand in seinem Ort wäre gar nicht ausgebrochen, wenn nicht tags zuvor die Jammerbase wegen eines angeblichen Obsteinkaufs im Dorf und auch im Pfarrhaus gewesen wäre.

Heute saß die Pfarrfamilie vergnüglich beim Kaffee, es war stürmisches Wetter, darum hatte die Mama diesen Luxus gestattet, man sprach von den entfernten Kindern des Hauses, man freute sich der nahen; der Pfarrer sah nach dem Wetter und sah erschrocken vom Fenster zurück. »Was ist's?« fragte die Mutter. »Die Krauthöferin marschiert aufs Haus zu«, sagte der Pfarrer schreckensbleich, »was wird's aber geben?« Die Mama ging mit stiller Fassung der Gefürchteten entgegen, bedauerte sie wegen des schlimmen Wetters, nötigte sie zum Kaffee und entschuldigte, daß sie keine Wecken oder Milchbrot im Ort bekommen könne. »Oh, wir haben herrliches Hausbrot«, fiel das unverschämt lustige Julchen ein, »unser Brot schmeckt besser als anderer Leute Gugelhopfen.« – »Jungfer Tochter haben einen glücklichen Geschmack«, meinte Frau Krauthöfer etwas spitzig. – »Das hat sie, Gott sei Dank«, sagte der Pfarrer mit vollem Ernst, »Gott erhalte ihr ihn.«

Frau Krauthöfer trank, und die gewitterschwere Wolke hing noch über den Häuptern der Familie. »Haben Sie Nachricht von Ihrer Amalie und Sophie aus der letzten Zeit?« hub sie endlich an. »Recht gute, gottlob«, sagte die Pfarrerin, »Amalie fühlt sich recht glücklich in ihrer Stelle, alle Lehrer und Mitlehrerinnen kommen ihr mit Liebe zuvor, der christliche Geist der Anstalt tut ihr so wohl, auch die Kleine schreibt vergnügt und hat das beste Lob, ein rechtes Glück, daß die zwei Mädchen so beisammen sind.« – »Freilich wohl«, stimmte der unheilvolle Gast zögernd ein, »aber – von wann sind die letzten Briefe?« – »Vom vergangenen Dienstag«, sagte die Pfarrerin beklommen. – »Ja, ist schon so, es kann vor Abend anders werden, als es am Morgen mit uns war!« seufzte der Gast wieder. – »Um Gottes willen, wissen Sie etwas von meinen Kindern?« – »Oh, beruhigen Sie sich, ist nichts so Schlimmes, nur ist das ganze Mägdeinstitut zu K. durch zwei Mägde mit der Krätze angesteckt worden. Da nun Ihre Töchter in den nächsten Tagen krank nach Hause kommen werden, wollte ich meine Mine zur Pflege anbieten, sie versteht die Kur mit der grünen Salbe und fürchtet die

Ansteckung nicht, in einem Pfarrhaus muß man doch doppelt vorsichtig sein wegen der Gemeinde.«

Die Pfarrerin war so verärgert, daß sie kaum imstande war, für dies großmütige Anerbieten zu danken. Die Krätze in ihr Haus, das ein Muster an Ordnung und Reinlichkeit war, und ihre blühenden Mädchen! Dem boshaften Julchen fiel ein, wie der lästige Gast bald zu entfernen wäre. »Wissen Sie denn schon, Frau Krauthöfer«, fing sie ernsthaft an, »daß das Schiff untergegangen ist, mit dem Schulmeister Martin fortging?« – »Was, ist's möglich?« – »Freilich, an der englichen Küste.« – »Wissen's die Eltern schon?« – »Das weiß ich nicht, ich bin noch nicht hinübergekommen.« Da packte Frau Krauthöfer auf, wickelte sich in ihren braungrauen Schal, ergriff den ehrwürdigen Regenschirm von Kannefas und empfahl sich. Julchen wollte sich kranklachen, als sie fort war. »Die hab' ich glücklich weggebracht!« rief sie triumphierend. »Und du kannst noch lachen!« sagte die Pfarrerin vorwurfsvoll. »Und ich glaub's noch nicht mit der Krätze », behauptete Julchen. »Der alte Wehvogel krächzt oft zum voraus.« – »Und schickst sie Schulmeisters, daß sie auch noch in Jammer kommen!« – »Der Schulmeister hat ja schon einen Brief von seinem Martin, in dem er ihm schreibt, daß er glücklich durchgekommen ist und gar nichts verloren hat bei dem Schiffbruch; das wird sie ärgern!«

Die Pfarrerin war doch nicht ruhig, sie wollte gleich selbst hinreisen und ihre armen Kinder holen, der Pfarrer aber beschwichtigte sie mit einem Expreßboten, den er absandte. Der brachte Nachricht von Amalie, daß allerdings eine Magd von daheim mit der

Krankheit gekommen sei, man habe es sogleich entdeckt und sie zu guter Zeit ohne Gefahr für das Institut entfernt.

Frau Krauthöfer kam so schnell nicht wieder ins Pfarrhaus, zumal da Julchen die Unverschämtheit so weit trieb, die glückliche Braut eines reichen Gutsbesitzers zu werden, und ihre Brautvisite machte.

Adolf Glaßbrenner

HERR RENTIER BUFFEY ÜBER GOETHES »TORQUATO TASSO«

Brief des Rentiers Buffen an Flitter.
Vereerter Freund Wohlgeboren!

Sie entschuldjen, Herr Flitter, deß ich an Ihnen schreibe, des heeßt, einen Brief, nennt man des. Sie fragen natürlich wie so?, weil wir in eine Stadt wohnen, in Berlin, aber ich sehe Ihnen vielleicht in de erste Zeit nicht, un mir is es mit Tarkwato Tasson in meinen Kopp noch nich janz richtig, un da Hulda mit ihre verheirate Freundinnen nach Hamburg jereist is, so wende ich mir an Ihnen, ob mein Urteil richtig is, un wie so, deß die Leute so sehr nach des Stück sind, wat mir bis uf die Seidenraupen-Jeschichte jar nicht ansteht, nicht juttiert, nennt man des!

Joethe hat mich nämlich nie jefallen können, weil er allens so von sonne kalte Seite anfaßt, so mit Jlacee-Handschen, nich aus't Herz raus. Er besitzt Vernunft, des is wahr, aber er is mir zu vornehm und zu stille, er hat keenen Schwunk, Fantarsie heeßt des. Und denn fehlt et ihm noch an Riehrung und an Wahrheit, denn wenn er mal Mensch sind will, denn hängt er sich jedesmal noch drei Mäntel um, damit er sich nich erkältet. Ich habe nämlich darüber jelesen un habe mich

Der Antiquar

ooch immer jedacht: ein Dichter muß en janz andrer Mensch sind, als so wie jeder andre Mensch is, denn sonst is er keen Dichter, natürlich, sondern macht am Ende bloß des in so'ne duse, jlatte Verse, was jeder Hans Narre bei dieses oder jenes fühlt. Dichter, hab' ich mir immer jedacht, des is so: man hat en jroßes Herz un en jroßen Jeist, so deß man sich über die Natur fortschwingen un wieder Jott vor sich alleene sind kann? Wie? Oder wie soll ick mir ausdrücken? Man hat die janze Welt in de Tasche un fliegt damit nach de Sonne ruf. Manu, wat jeschieht mir? Nuh jeh' ick den Mittwoch nach Tarkwato Tasson, dem ich noch nich perönlich jekannt habe, uf'n zweeten Rang mit Willemmen, un wollte mir so recht delektieren. Denn Sie wissen, Herr Flitter, ich schmeichle mir mit meine Meinung, mit Urteil, nennt man des, über Kunst. So seh' ich des Stück! Tarkwato kommt vor un dhut nischt; die andern kommen ooch vor, un dhuen ooch nischt, un wie Jott den Schaden besieht: ist des Stück mit eenmal aus! – – Ne, hören Se mal, Herr Flitter, des nehmen Sie mir nich übel; ich habe schon viele Stücker jesehen, aber so was is mir noch nich vorjekommen: vor zwölf Jroschen Kurant so 'ne elende Hofjeschichte, wo weiter nischt vorjeht, als was in den Bürjerstand alle Dage vorkommt, un in fünf Minuten wieder verjessen is. Ick sage Ihnen, ick denke, der Willem verschlingt des janze Stück, so hat der Junge des Maul vor Zähnen ufjerissen! Natürlich, ick habe ihm eine jestochen, denn des is keene Bildung, bei Joethen zu hojappen, aber des heeßt, ich hätte mir eijentlich ooch eine kleben müssen, denn ick habe noch mehr jehojappt als Willem, un ick bin doch en vernünftijer

Mensch, Bürjer un Rentier. Nu erklären Sie mir des, wo da de Poesie sitzt? – – Un denn, des nehmen Sie mir ooch nich übel: is denn des en Dichter, der zu einen andern sagt: »den Herrn, der mir ernährt, den dien' ick«, wie der Tarkwato von Joethen? Wenn ein Hund so denkt, denn lass' ick mir des jefallen, davor is er Hund, un läßt sich mit Füßen treten; aber wenn ein Dichter so denkt, denn is er keener! Ein Dichter muß bloß vor Jott un vor der Kunst Respekt haben, der Purpur un de Krone muß ihm akkurat so viel jelten wie ein Bettlerjewand und 'ne Schlafmütze! Un denn nu jar der Schluß, wo des Trajische drinn liejen soll! Als ob des so'n jroßes Verbrechen wäre, deß der berühmtste Dichter so'ne Dischtrikt-Prinzessin von Italien een eenzijes Mal umarmt, un noch dazu, wenn man überzeugt is, deß ihr des unjeheuer wohl dhut! Ne, uf solche Frauenzimmerwitze eine janze Trajedie bauen, und darin en Unjlück sehen, daß so'ne dämlige Prinzessin, die immer so weenerlich jämmerlich dünne un vornehm spricht, un mir lange nich so lieb is, wie meine frische, lebendije und jehaltvolle Hulda, deß die von einen Dichter, den se nich wert is, die Schuhriemen ufzulösen, umarmt wird: uf so'ne Dummheiten lasse ick mir nich in. Scheckspier hätte des nich jedhan, dazu war er zu jesund. Wenn ick Joethe jewesen wäre, ick würde mir schämen, so kleenlich un erbärmlich zu denken, un so'n pimpliches Zeug zu schreiben, nennt man des!

Nu, bitte, Herr Flitter, sagen Sie mir Ihr Urteil darüber, damit ick sehe, wie des mit meins übereinstimmt, schriftlich, pro Stadtpost, nich frankiert. Ick bezahle den Jroschen, ick kann des!

Wilhelm Heinrich Riehl

DIE VIERZEHN NOTHELFER

Konrad Lenz, geboren 1513, gestorben um 1590, Schüler des Christoph Amberger, ausgezeichnet durch den warmen Goldton seiner Farbe, malte Historien und Legenden, auch Mythologisches, auf Holztafeln in kleinem Format. Seine Bilder sind sehr selten.«

So ungefähr steht's gedruckt im Katalog einer Galerie, die ich augenblicklich nicht nennen kann.

Dieser merkwürdige Mann pflegte zu sagen: »Das Malen wäre die schönste Kunst, wenn die Bilder nur nicht fertig zu werden brauchten.« Denn er malte gern und gut, allein er wollte immer nur malen, wann er wollte, und das geschah oft nur einmal die Woche, öfters auch gar nicht. Den verabredeten Termin eines bestellten Bildes einzuhalten, war ihm ganz unmöglich. Hatte er's heuer auf Weihnachten zu liefern versprochen, so begann er zu Pfingsten übers Jahr die Tafel zu grundieren. Er grämte sich auch gar nicht über diese Eigenschaft, die offenbar mit der launischen Natur des Planeten zusammenhing, unter welchem er geboren war, sondern sprach: »Ich habe malen gelernt; die andern mögen warten lernen.«

Der leichtmütige Künstler zählte erst vierundzwanzig Jahre, als er einen großen Auftrag erhielt. Auf 14 schmalen Tafeln sollte er die vierzehn Nothelfer darstellen nebst erläuternden Szenen aus ihrer Legende im Hintergrund; Hauptbedingung aber war, daß das Ganze unfehlbar vollendet sein müsse binnen Jahresfrist, das heißt auf Leonhardstag 1538. Dann sollte der Künstler den hohen Ehrensold von hundert Goldgulden empfangen.

Der Besteller, Ritter Hans von Haltenberg, war vordem auf einer Fahrt von Senna nach Neapel in die Hände tunesischer Seeräuber gefallen. Während seiner Gefangenschaft flehte er zu den vierzehn Nothelfern und gelobte jedem derselben bis Leonhardi 1538 ein schönes Bild in seiner Burgkapelle, wenn er binnen zwei Monaten aus dem Kerker erlöst würde. Wirklich gewann er bald darauf die Freiheit wieder und säumte nicht, nach Deutschland heimgekehrt, sofort die Bilder zu bestellen und dem Maler das Gewissen zu schärfen wegen genauer Lieferzeit, damit er den Heiligen Wort halte.

Mit wahrem Feuereifer hatte sich Konrad Lenz in die Arbeit gestürzt. Die drei Frauen des hilfreichen Kreises, Sankt Katharina, Margareth und Barbara malte er im Sturm, Tafel für Tafel binnen vierzehn Tagen, und sie gelangen vortrefflich. Dann machte er sich an Sankt Pantaleon, Veit und Eustachius. Da ging's schon etwas langsamer; er brauchte drei Wochen auf den Mann und malte so hin und her, bald am einen bald am andern.

Beim heiligen Blasius kam er wieder recht frisch in Zug; aber bei Papst Gregor wollte es um so weniger flecken. Volle zwei Monate schleppte er sich mit dem

Bilde herum. Endlich biß er die Zähne zusammen. »Es muß sein!« hörte man ihn ein ums andere Mal in seiner Werkstatt rufen. Mit Todesverachtung griff er zu Pinsel und Palette, nahm den letzten Anlauf, und wirklich in etlichen Tagen stand der Heilige vollendet.

Aber der Künstler war auch beinahe krank geworden vor lauter Selbstbeherrschung. Noch hatte er sechs Bilder vor sich. Sechs ist zwar die kleinere Hälfte von vierzehn, allein es schien ihm jetzt eine Riesenzahl, an die er gar nicht denken durfte, wollte er nicht das Gehirnfieber kriegen.

Darum trug er die fertigen Bilder auf den Speicher und die sechs leeren Tafeln dazu, damit er sie beileibe nicht mehr sehe, und trieb sich wochenlang müßig umher, als ob es gar keine Nothelfer jemals gegeben hätte.

Der Ritter, welcher zeitweilig von seiner Burg in das Reichsstädtchen herüberritt, um den Fortgang des Bilderwerks zu überwachen, entdeckte mit Schrecken diesen vollkommenen Arbeitsstillstand. Als er in die Werkstatt trat, saß Konrad Lenz am Hackbrett und spielte Tänze, die Staffelei war ganz leer und auf der Marmorplatte zum Farbenreiben lag der Staub so dick, daß man mit dem Finger hineinschreiben konnte.

»Wenn ich musiziere, dann male ich eigentlich im Geist am allerbesten; mit den Farben wird sich's später schon finden!« – so rief der Maler lachend und war sehr erstaunt, daß der alte Herr erstaunt und erzürnt war. Er bat ihn, noch etliche Schleifer und Hopfer anzuhören, dann werde sich seine finstere Stirn gewiß entrunzeln.

Ein andermal war Konrad den ganzen Tag im Wald umhergestrichen, meilenweit von der Stadt. Da sah er den Herrn von Haltenberg mit seinem Hund seitab in den Tannen. Er hätte sich unbemerkt davon schleichen können. Doch das fiel ihm gar nicht ein; höchst treuherzig trat er vor den Alten, grüßte ihn und sprach: »Ihr jagt auf Hirsche, und ich jage auf Verse; sie schwärmen mir wie Bienen im Kopf und wollen nur eingefangen sein; seit Sonnenaufgang irre ich von Hag zu Hag und mache die schönsten Gedichte. Nirgends dichtet sich's besser als im Wald!«

Der Ritter fragte, ob sich's dann auch im Wald am besten male? »Malen?« wiederholte Konrad überrascht; – »das Malen kommt nachher ganz von selbst und geht dann umso besser!«

Allein der Herr von Haltenberg beruhigte sich nicht bei dieser Antwort. Er faßte den Maler fest am Arm, blickte ihm mit den kleinen braunen Augen so stechend ins Gesicht, als ob er ihn durch und durch sehen wolle und hielt ihm seinen Leichtsinn vor, durch welchen er nicht nur ihn erzürne, sondern was noch viel schlimmer, sogar die Heiligen. »Und glaubt Ihr denn« – so schloß er –, »daß ein Maler nicht auch zu Zeiten die vierzehn Nothelfer brauche? Sie werden Euch stecken lassen, wie Ihr mich jetzt stecken laßt!«

Der Maler sah den Alten mit seinen großen blauen Augen anfangs so unschuldig an wie ein Kind, dann ward er purpurrot im Gesicht, senkte den Blick und rief: »Bei Gott! Ihr habt recht. Das ist ja entsetzlich, welch eine Kette von Unheil ich mit meinem Leichtsinn um uns schlinge!« Und er versprach, sofort die Arbeit eifrig wieder aufzunehmen, gleich heute noch, und lief im Sturmschritt heim, um ja die letzte Stunde vor Sonnenuntergang noch an der Staffelei zu stehn.

Peter Rosegger

ZU ABELSBERG BEIM SPIELCHEN

Sollte es zwar nicht erzählen, denn ich hab's nicht gesehen. Sie schlossen sich dabei ein – der Herr Pfarrer von Abelsberg und sein Bruder, der Hochbergreichhofer. In der Oberstube saßen sie und ließen sich's gut geschehen und spielten Karten. Aber nicht etwa ein verbotenes Spiel! – bewahre – beim Pfarrer! »Brandeln«, »Zwicken«, ein wenig »Mauscheln« mitunter, das war der Zeitvertreib.

»Na, ich dank' schön für einen solchen Zeitvertreib!« sagt zwar der Hochbergreichofer, kommt aber nichtsdestoweniger jeden Sonntag von seinem Berg herab, läßt sich zur Jause laben, versitzt den ganzen Nachmittag bei seinem Herrn Bruder und verspielt jedesmal sein ganzes Geld.

Hingegen muß er stets auf dem Ehrenplatz sitzen, an der Wand auf weicher Lederbank, während der Pfarrer ihm gegenüber mit dem Holzstuhl fürliebnimmt. Und hernach – wie schon angedeutet worden – ganz abgeschlossen waren sie doch nicht von der Welt. Die Häuserin durfte in die Oberstube – und das lohnt sich im Pfarrhof immer, denn mit leeren Händen erscheint sie selten. Sie ist ja Herrin der Küche und über alles, was dazugehört, und an ihrem Schürzenband hängen die Kellerschlüssel.

Was also den alten Wein anbelangt – er war ein Jahrgänger mit dem Hochbergreichhofer, der in dem gesegneten Vierunddreißigerjahr zu dieser Welt gekommen war – und was die gut geräucherten Schinken betrifft und den Gugelhupf und den Kaffee und dann den wohlgetrockneten Knaster, den sie aus langen Pfeifen rauchten, so konnte der brave Hochbergreichhofer das Sonntagsspielchen bei seinem Herrn Bruder nimmer missen. Mit Speis und Trank suchte er sich, so gut es ging, zu entschädigen für die Zwanziger, die aus seinem weltlichen hundsledernen Geldbeutel allzu frommen Sinnes dem geistlichen Herrn zusprangen. Der Hochbergreichhofer hatte doch das Kartenspielen von Jugend auf getrieben und war nicht arg dabei zu Schaden gekommen. Aber jetzt im Pfarrhofe versagte ihm das Glück.

Trotzdem ging er jeden Sonn- und Feiertag zum Nachmittagssegen und machte nach demselben den kleinen Besuch beim Herrn Bruder, den er erst spätabends häufig mit etwas verrücktem Schwerpunkte verließ.

»Grüß dich, grüß dich, Bruder!« empfing ihn stets der Pfarrer.«Setz dich doch auf deinen Platz.«

»Aber immer auf dem Polstersitz, nein, Bruder, das geht doch nicht; der geistlichen Weih' gehört die Ehr' zu!«

»Bitte, du bist der Gast! Nur keine solchen Umstände!«

So oftmals der edle Wettstreit, bis endlich jeder stets wieder auf dem alten Fleck saß, bei der Gottesgab und beim Gebetbuch des Teufels, wie der Herr Pfarrer die Spielkartenblätter nannte. Und wenn dann das gut gebratene Schweinerne kam, so schob der Pfarrer Messer und Gabel hin und rief: »Bruder, stich die Sau!« Das tat der Hochbergreichhofer wohl hier in Natur, aber in den Karten vermochte er's selten. Oft genug kam ihm guter Trumpf in die Hand, aber der geistliche Herr spielte mit so schlauer Berechnung, daß der Bauer einmal rief: »Du, Herr Bruder, geistlich' Weih' ausgenommen, du hast falsche Karten!«

»Lapp!« lachte der Pfarrer. »Das kannst ja anders machen. Nimm fürs nächstemal *deine* Karten mit.«

»Das ist eine Red'.«

»Aber, was ich dir sagen wollt', Bruder. Am nächsten Sonntag geh' nicht in die Predigt, ich rat' dir's.«

»Ja, hörst, wesweg' denn nicht?«

»Weißt, Bruder, nächsten Sonntag ist das Evangeli von dem ungerechten Haushälter, und da muß ich einmal gegen das Kartenspielen predigen. Kunnt dir unangenehm sein.«

Ging der Hochbergreichhofer nicht in die Predigt; die Leute aber sagten nach derselben: »Scharf ist's niedergegangen heut', und seinen Bruder hat er gemeint. Ist er nicht in der Kirch' gewesen, der Hochbergreichhofer?«

Der aber ging wie gewöhnlich zum Nachmittagssegen und hatte richtig sein eigenes Spielkartenbüschel bei sich. Er traute dem Herrn Bruder nicht mehr recht; der hatte beim Spiel auch immer einen so schiefen Blick, sah ihn an und sah doch wieder an ihm vorbei – ein rechter Judasblick, die geistlich' Weih' in Ehr'!

Und als er in die Stube trat, rief der Pfarrer: »Na,

grüß dich, Bruder, setz dich wieder auf dein Platzl. Hast Karten bei dir?«

Sie spielten mit den Karten des Hochbergreichhofers; der Pfarrer hatte wieder den schielenden Blick, der dem Partner wohl über die Schulter, aber nie ins Auge sehen konnte, und der Bauer verlor wie immer.

Da kam diesem plötzlich der Zorn: »Was schaust mir denn nicht ins Gesicht, Pfarrer? Hast ein schlechtes Gewissen?«

Zum Glück kam in diesem Augenblick die Häuserin mit dem gebratenen Huhn. Sie war ein noch recht reputierliches Frauenzimmer und allerweil woltern nett angezogen. Heute hatte sie gar eine Pfingstrose im Haar, tat einen Blick über den Hochbergreichhofer hin an die Wand und ordnete die Rose.

Was denn da ist, an der Wand? dachte der Bauer, wendete sich und sah – den Spiegel.

Die Faust mit dem Kartenfächer fest auf den Tisch gepreßt, erhob er sich langsam – starrte in den Spiegel, in welchem sein ganzes Kartenspiel offenlag –, starrte dem Pfarrer ins Angesicht und murmelte: »Jetzt, Herr Bruder, jetzt bin ich gescheit. Ja, hörst, wenn du einen Kameraden hast, der mir in die Karten schaut, nachher – nachher glaub' ich's gern!«

Der geistliche Herr tat einen schreckhaft lauten Lacher. »Endlich!« rief er. »Endlich einmal! Na, Zeit ist es, daß du gescheit geworden bist. Tu dich nicht giften, Bruder, laß uns jetzt essen und trinken, heut' wird es das letztemal sein, daß du die Jause zahlst.«

Wilhelm Busch

MEIERS HINNERK

Grad ausgestreckt in der Ebene und Hof an Hof lag das alte friedliche Dorf, die Häuser mit Stroh gedeckt. Und jedes Haus hatte rückwärts sein Gärtchen und hinter jedem Gärtchen sein Ackerfeld, und durch jedes Feld ging ein Grasweg, ein breiter, nach der heckenumgrenzten Wiese, und hinter sämtlichen Wiesen stand der hohe schattige Wald.

Es war ein heiterer Tag zu Anfang des Herbstes, wenn durch die Luft schon die silbernen Mettken schweben. Aus allen Gehöften, wie nachmittags gewöhnlich, kamen die kleinen Hirten und Hirtinnen mit ihren Kühen.

Auch Meiers Hinnerk hatte zwei, eine schwarze und eine braune, am Strick, um sie, zunächst den Grasweg beweidend, allmählich der Wiese entgegenzuführen. Zwölf Jahre war er alt, flachshaarig und wohlgenährt. Längst war ihm die verblaßte leinene Hose zu eng und zu kurz geworden. Hinten drauf, einander gegenüber, gleich einer blauen Brille, saßen sogar schon, zu seinem Verdruß, zwei zirkelrunde dunklere Flicken; ein Werk der nehrigen Mutter, die immer behaupten wollte, in alten Hosen sähen Jungens am strammsten und gesundesten aus.

Gelehrsamkeit war Hinnerk sein Fall nicht. Dennoch, während die beschränkten Tiere am Boden ihr Futter suchten, zog er sofort seinen Katechismus aus der zugeknöpften Jacke hervor. Mit helltönender Stimme, in steter Wiederholung, prägte er die Aufgabe für den folgenden Schultag in den widerspenstigen Schädel. Seine Kollegen im Felde, weithin vernehmlich, übten dieselbe Lektion. Sie wußten warum. Küster Bokelmann, der Meister der Schule, besaß einen kniffigen Rohrstock, der die schlummernden Seelenkräfte, selbst im voraus, vorzüglich zu ermuntern verstand.

Nachdem das dringende Geschäft der Bildung des Geistes somit glücklich erledigt war, widmete sich unser Hinnerk einer mehr freien gemütvollen Tätigkeit.

Auf dem Rücken der schwarzen Muhkuh, an geeigneter Stelle, begann er Haare zu zupfen und bildete so auf der entblößten Haut ein großes lateinisches L. Hierbei, sinnig vertieft, sang er leise den Namen Lina vor sich hin, indem er auf dem i besonders lange quinquillierend verweilte.

Mittlerweile hatte er die Wiese erreicht, schloß das Tor, nahm den Kühen den Strick ab und ließ sie grasen nach Belieben.

Wo ein Kuhjunge hütet, muß natürlich ein Feuer sein. An sich schon dem Auge ergötzlich, bei kühlem Wetter auch willkommen der Wärme wegen, ist es geradezu unentbehrlich für das Braten der Kartoffeln.

Demnach vor allen Dingen sammelte Hinnerk feine Spricker und brach dünne Knüppel aus der Hecke. Da es zur Zeit noch keine Reibhölzchen gab, mußte er erst emsig pinken, bis an den Zunder der richtige Funken sprang. Einen Topp Hede hatte er mitgebracht. In ihn ward der glimmende Schwamm gehüllt, durch Weifen und Pusten die Flamme entfacht, zunächst dünnes, dann dickes Holz regelrecht drüber geschichtet, und hochauf loderte bald ein erfreulicher Scheiterhaufen.

Beiseit, schon früher aus Zweigen und Plaggen erbaut, stand Hinnerks zwar enge, doch trauliche Hütte. Aus dieser entnahm er das von ihm selber geflochtene Weidenkörbchen, begab sich ins Feld hinaus und kehrte zurück mit zwei Dutzend der dicksten Kartoffeln und fünf jungen Mäusen, die er beizu im Neste erwischt und getötet hatte. »Dat sind fief fette Happen vär use Kättkens terhus«, dachte er schmunzelnd.

Noch waren zum Einlegen der rötlichen Knollen nicht Kohlen genug reif. Infolgedessen kriegte Hinnerk sein Messer heraus, ein wertvolles Werkzeug, für drei Mariengroschen hat's ihm der gute Vater gekauft auf dem Markt in der Stadt. Das kleine Öhr am Heft, ums mit einer Schnur an der Hosentasche zu befestigen, war übrigens eine Sicherheitsvorrichtung, die Hinnerk verschmähte. Er flötete, prüfte am Daumen die Schneide, fällte eine stattliche Doldenpflanze und verfertigte aus ihren hohlen Stengeln ein niedliches Schmökepfeifchen; denn sich täglich ein wenig im Rauch zu üben, hielt er für nötig, und was den Tabak betrifft, so schien ihm recht trockenes Haselnußlaub für den Anfang nicht übel.

Sein gestopftes Pfeifchen zu entzünden, näherte sich Hinnerk der Feuerstätte.

»Hutt bäh!« rief eine Mädchenstimme, und Nachbars Gretliesche, ein munteres hübsches rothaariges Kind von elf Jahren, kroch durch ein Loch in der Hecke.

»Wat wutt du denn hier?« fragte Hinnerk sehr kühl.

»Helpen!« erwiderte sie kurz und keck. Ohne weiteres legte sie die Kartoffeln ins Feuer, hielt dem Hinnerk einen glühenden Span auf die Pfeife, setzte sich aufs Rasenbänkchen in der Hütte und lud ihn ein, zu ihren Füßen sich niederzulassen, wozu er sich nach einigem Zögern auch wirklich entschloß.

Liebkosend nahm sie ihn beim Kopf und unterzog denselben alsbald einer genauen Besichtigung.

»Eck finne jo nix!« rief sie enttäuscht.

»Dat löw eck woll«, meinte er, »hat gistern use Grotmeuhme alle knicket.«

Aber Gretliesche, ganz leise, leise, krabbelte weiter im Haar. Ein wonniges Rieseln lief ihm den Rücken hinunter. Die Pfeife entsank seiner Hand, die Augen schlossen sich halb. In solch einem dämmerigen Zustand sagt der Mensch manches, was er sonst wohl verschwiegen hätte.

»Segg eis, Hinnerk«, fragte sie behutsam, »haste denn ok all 'ne Brust?«

»Swarte Haare hat se und glinstertswarte Ogen un« – er stockte.

»Oh, nu weet eck et all!« rief Gretliesche, »Kösters Lina is et, de is jo tein Jahre öller ans du.«

»Dat deit nix«, sagte er, »und wenn se ok dusend Jahr öller is.«

»Ja«, meinte Gretliesche dagegen, »wenn man Verwalter Klütke mit sinen langen Snurrbart nich wöre.«

»Den Kerl sla eck dot!« rief er heftig.

»Und denn komet se her un hänget di upp!« entgegnete sie.

»Erst hebben!« lachte er. »De längeste Mettwost hal eck un lope weg und vestäke mi baben in der Schüne int Hei.«

»Oh, wat'n Nare!« Mit diesen Worten gab ihm die Gretliesche einen verächtlichen Schubbs und sprang aus der Hütte.

»Kiek na den Kartuffeln!« rief Hinnerk ihr nach.

»Do et sülbenst!« Und weg war sie durch die Hecke.

Er versuchte auszuspucken. Es ging aber nicht recht.

»Van den Smöken werd'n ok so dröge in'n Halse«, murmelte er in sich hinein.

Eben graste die rote Kuh mit dem strotzenden Euter vorüber. Er strich ihr sanft über den Rücken.

»Woha!« Das gute Tier stand still. Dicht hinter ihr setzte er sich in die Hurke, zog eine Zitze zu sich her und melkte einige Spritzer in den weit geöffneten Mund, daß es strullte.

Im selben Augenblick – so war es vorher bestimmt im Laufe der Dinge – hob die Kuh ihren Schwanz, indem sie ihn, des größeren Nachdruckes wegen, zugleich schraubenförmig verkrümmte; nicht ohne warmen Erfolg.

»Hahaha, dat is di jüst recht!« lachte und rief wer von seitwärts herüber. Oben in einer hainbuchenen Hucht saß die Gretliesche und sah zu mit Vergnügen.

»Ole Ape!« war alles, was Hinnerk drauf sagte.

Vermittels eines Grasbüschels, ohne sich sehr zu erregen, brachte er die Sache bald wieder, sozusagen, ins reine.

Und nun ging's an die Kartoffeln. Sie schmeckten ihm trefflich; auch mußte er sich schneuzen mitunter, auf natürliche Art; daher wurde er um Mund und Nase schön schwarz übermusselt.

Jetzt aber fiel ihm was Wichtiges ein. Aus dem Murk, dem heimlichen Versteck unter der Rasenbank, entnahm er ein absonderlich merkwürdiges Schießeding; einen ausgehöhlten Ast, mit Draht umflochten, seitlich mit Zündloch versehen. Eine Tüte voll Pulver, das er beim Krämer gegen Eier sich eingetauscht – er wußte die verborgensten Hühnernester –, kam gleichfalls zum Vorschein. Kräftig wurde geladen, und mächtig war der Knall. Das schüchterne Reh, das kurz vorher aus dem Wald in die Wiese getreten, entfloh in Eile. Angelockt durch den Schuß dagegen wurden drei andere Hütejungens: Kord, Krischan und Dierk. Zum zweiten Male ward das Geschütz geladen, zum zweiten Male ballerte weithin das Echo im Walde entlang.

Hiernach setzten sich die vier behaglich ans Feuer, alle schwarz um die Mäuler.

Krischan besaß einen richtigen Tonpfeifenstummel, gefüllt mit echtem Bauernkanaster, den er direkt, doch unter der Hand, von seinem Alten bezog. Jeder, der Reihe nach, tat einen tüchtigen Zug daraus.

Kord danach gab einen saftigen weinsauren Apfel zum besten. Jeder, der Reihe nach, tat einen tüchtigen Biß hinein.

Dierk aber führte bei sich einen knorrigen Eichenstock, dessen Griff ein menschliches Antlitz vorstellte, von Dierk selber geschnitzt. Der Knittel, zur Besichtigung, ging gleichfalls reihrund. Besonders genau sah Krischan das Bildnis sich an.

»Dönnerslag«, rief er, »dat is jo de Köster. Ehrgistern hat he mi hauet, un vandage deit mi de Lenne noch weih!«

Und ehe Dierk es verhindern konnte, brach Krischan den knstlichen Stock vor dem Knie ab und übergab ihn den Flammen.

»Hurra!« jubelten die Jungens, tanzten ums Feuer, häuften grüne Ellernzweige darauf und erzeugten so einen großen herrlichen Dampf, der als duftiger Schleier die Gegend umhüllte.

Die Sonne ging unter. Vom Dorfe her tönte die Abendglocke.

»Et is Tiet«, mahnte Hinnerk, »de Bäklocke lutt.«

Jeder eilte zu seinen Kühen, um sie am Strick nach Hause zu geleiten.

Angenehme Gerüche, die Vorboten des Abendessens, wehten ihnen entgegen und erregten die Gemüter zu Jauchzen und Gesang.

Küster Bokelmann, die lange Pfeife im Munde, führte an seiner Gartenpforte mit Verwalter Klütke ein gemütliches Dämmergespräch.

»Es gibt ander Wetter«, sprach er, »die Kuhjungens schreien heut so im Felde.«

»Ganz recht, Herr Kanter; vor der Sonne stand eine verdächtige Wolke«, stimmte Klütke ihm bei.

Indem kam Lina gesprungen.

»Papa«, rief sie schon von weitem, »der Pfannkuchen wartet. Ei sieh da, Herr Verwalter, wollen Sie nicht mitessen bei uns?«

»Wer könnte einer Einladung von solch reizender Seite widerstehen?« erwiderte Klütke, verbindlich den Schnurrbart streichend.

»Dat di de Düwel wat backet!« knurrte Hinnerk, der gerade vorüberzog, mit einem grimmigen Seitenblick.

Als er den elterlichen Hof erreichte, strich schon leise miauend die Katze an ihm hin. Dankbar nahm sie ihre fünf kleinen Mäuse in Empfang.

An der Tür stand die Großmutter, ihren Liebling erwartend.

»Minsche, wo swart sühst e ut!« rief sie bei seinem Anblick erschrocken.

Eilig führte sie ihn in den Hintergrund des Hauses, wo das Küchengerät stand, rieb ihm Kopf und Gesicht mit dem feuchten, geschmeidig fettigen Schüsseltuch und trocknete ihn ab mit der Schürze.

In der Döntze baumelte bereits der brennende Trankrüsel an dem verstellbaren Haken. Auf der Tischplatte lag ein Haufen dampfender Kartoffeln; daneben, auf rundem Brett, stand das köstliche Pannenstippelse, bereitet aus geglühtem Rüböl und gebratenen Zwiebeln. Vater und Mutter tunkten schon ein. Hinnerk nahm dicht bei der Großmutter Platz. Sie pellte ihm sauber die schönsten Kartoffeln ab. Zwei verzehrte er, nicht eben geschwind. Dann klappte er entschieden sein Messer zu.

»Wo vele hast e denn all bipacket in der Wisch?« fragte sorglich die Großmutter.

»En stücker twölwe, mehr nich«, erwiderte er gähnend.

Die Großmutter befühlte ihm den Leib.

»No«, meinte sie beruhigt, »denn konste wol faste liggen düsse Nacht.«

Das tat er denn auch. –

Überhaupt, seine Herzenssorgen waren nicht so

bedrückend, daß sie ihm jemals die nächtliche Ruhe störten; selbst dann nicht, als drei Monate nachher Verwalter Klütke, der ein kleines Gütchen gepachtet hatte, sich mit der schönen Lisa vermählte.

Und so geht's zu in dieser neckischen Welt: zehn Jahre später hat die Gretliesche ihren Hinnerk doch noch gekriegt.

Heinrich Seidel

WIE MEIN FREUND BORNEMANN SCHWENINGERTE

Daß mein Freund Bornemann ziemlich wohlbeleibt ist, weiß die Welt, und der geringe Teil von ihr, dem diese Tatsache noch unbekannt ist, erfährt sie durch diese Zeilen. Aber wie der Krug so lange zum Wasser geht, bis er bricht, so geht der Mensch so lange zu Biere, bis er zu stark wird.

Eines Abends erwartete man meinen Freund in dem Weihenstephan-Ausschanke an der Potsdamer Brücke vergeblich, und da er sich am nächsten Abend nicht einstellte, so gab das allgemein zu bedenklichem Kopfschütteln Veranlassung, denn mein Freund Bornemann war ein Gewohnheitsmensch und von ihm galt, wie von kaum einem anderen, das Wort des Kommersbuches: »So pünktlich zur Sekunde trifft keine Uhr wohl ein, als ich zur Abendstunde beim edlen Gerstenwein.«

Als er auch am dritten und vierten Abend sich nicht einstellte, beschloß ich, ihn aufzusuchen; allein ganz zufällig traf ich ihn am anderen Nachmittage im Tiergarten, woselbst er trotz der warmen Witterung mit großer Emsigkeit, und wie es mir schien, in einer gewissen fabrikmäßigen Weise spazierenging. Dies war ebenfalls gegen seine Gewohnheit, denn den Tiergarten haßte er, wie alle Parks; sie waren ihm zu geleckt, und wenn er spazierengehen wollte, so fuhr er in den Grunewald und wurzelte dort zwischen den Kiefern umher.

»Sage mal, Bornemann, was ist dir?« fragte ich.

Er machte ein tragisches Gesicht, und zwischen seinen Augenbrauen bemerkte ich zwei finstere Falten. »Er hat angeklopft«, sagte er mit dumpfer Stimme.

»Wer?« fragte ich.

»Der alte Hans Mors eigenhändig«, antwortete er. »Im wahren Sinne des Wortes angeklopft.«

»Na, na«, sagte ich.

»Sehr einfach«, fuhr er fort. »Am Tage vorher war ein kleiner Herrenabend bei meinem Freunde Mosenthin. Krebse wie die Hummer, junge Hamburger Hühner, Erdbeer-Bowle – gute Erdbeer-Bowle –, viel Erdbeer-Bowle. Am anderen Morgen war ich ganz munter, aber gegen zwölf Uhr, als ich am Schreibtische sitze, sonderbare Gefühle. Dicke Schläfen-Adern, Ziehen im Nacken. Plötzlich Angst, schwarz vor den Augen, tief Atem holen, ich fühle unwillkürlich nach dem Pulse, läuft wie so 'n abschnurrendes Uhrwerk – schöne Geschichte, – Herzklopfen! Ich machte die Bekanntschaft solcher verdammten Gefühle zum ersten Male in meinem Leben, denn du kennst mich ja: Gesundheit eichenhaft, Magen, um Schuhsohlen zu verdauen, als erwachsener Mensch nie krank gewesen. Dies war mir außer allem Spaß, und ich ging zum Arzte. ›Nun ja, ein bißchen Herzverfettung‹, sagte dieser. ›Da werden wir wohl ein wenig schweningern müssen.‹ Und dazu macht er ein Gesicht, als ob es sich um Hühneraugen-Schmerzen handelte. Nun, ich wußte es ja, der Schuft

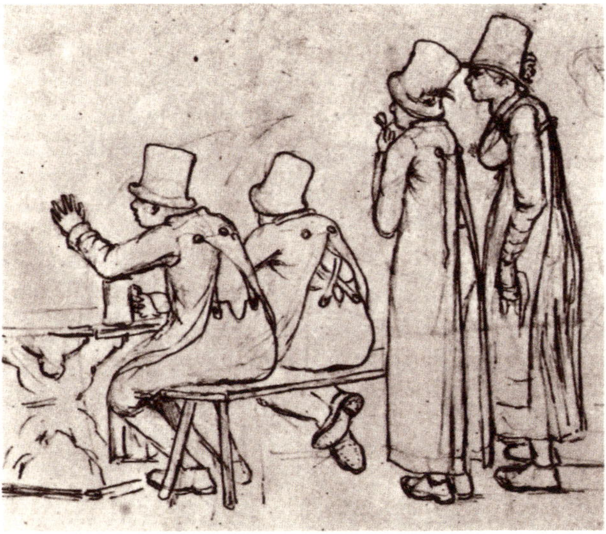

Im Wirtshaus

hatte gar kein Mitleid mit mir und innerlich lachte er; denn bei dieser Sorte herrscht mehr Freude über einen Gesunden, der endlich zu Kreuze kriecht, als über hundert Kränkliche, die ihnen sicher sind. Nun spannte er mich denn auch gleich in eine Zwangsjacke von ganz abscheulichen Vorschriften, nach dem Grundsatze, den Bräsig einmal ähnlich entwickelt, daß alles dem Menschen Angenehme ungesund ist, alles Widerwärtige und Ekliche aber ausnehmend gut für ihn. Auf alle Dinge, die mir dies irdische Jammertal erträglich machen, muß ich verzichten, eingesperrt in ein System von eisernen Gesetzes-Paragraphen. Wenn ich esse, darf ich nicht trinken, und wenn ich trinke, darf ich nicht essen. Eine neue Art von Faust siehst du in mir, dem zwei Seelen in seiner Brust wohnen, deren eine immer trinken will, wenn sie essen soll, und deren andere stets essen möchte, wenn sie trinken darf. Und in meiner freien Zeit gebrauche ich im Tiergarten meine natürlichen Fortbewegungsmittel zu öden Spaziergängen und hänge trübseligen Gedanken nach über die Vergänglichkeit alles Irdischen oder sitze des Abends, ausgestoßen aus der Gesellschaft der Glücklichen, in einer einsamen Weinhandlung bei einem Schöpplein säuerlichen Mosels und lese das öde Gewäsch der Herren Leitartikel-Schreiber anstatt wie sonst dem anregenden Gespräche guter, verständiger Freunde zu lauschen. Aber ich kann ja nicht verlangen, daß sie mir in diese Höhle des Grames nachfolgen, wo ich mein Fett züchtige ...«

Bornemann führte mit einer Konsequenz, welche ihm niemand zugetraut hatte, seine Kur durch und verschwand nach einiger Zeit gänzlich, um mit Zuhülfenahme des Riesengebirges an der Verminderung seines Äußeren zu arbeiten. Als ich hörte, daß er wieder da sei, besuchte ich ihn, denn ich wußte, daß sein Geburtstag war.

Ich fand ihn auffallend verändert und abgemagert; sein Rock hing weitläufig um seine Glieder, und seine Züge hatten etwas Schlaffes bekommen, als sei ihm seine Haut ebenfalls zu weit geworden. Er war aber ganz vernünftig und zufrieden mit der Wirkung des Gebirges.

»Du weißt ja«, sagte er, »daß ich die Berge für einen Unsinn halte. Dies ewige zwecklose Aufundnieder, diese blödsinnigen Felsenwände, auf denen nichts wächst, und der mangelnde Umblick, wenn man in den Tälern eingesperrt ist, wie in einem Gefängnisse. Alles dies halte ich für eine Verirrung der Natur. Aber gegen Fett sind sie gut, ohne die Berge hätte ich nie so rasch dieses Resultat erreicht.« Und damit deutete er auf sechs mit Blumen bekränzte Zigarrenkästen, die, zu einem Würfel aufgebaut, seinen Geburtstagstisch schmückten.

Ich verstand den Zusammenhang seiner Rede nicht und fragte: »Nun, wer hat dich denn so reich mit Zigarren beschenkt?«

Er klappte den Deckel der einen Kiste auf, zeigte, daß sie leer war, und sah unendlich pfiffig aus. »Warst du auf der letzten großen Ausstellung?« fragte er dann. Als ich nickte, fuhr er fort: »Da hast du gewiß die glänzenden Würfel gesehen, die die jährliche Silber- und Goldproduktion darstellen. Nicht wahr, das gab ein hübsches Bild. Man sah es körperlich vor sich und konnte sich eine Vorstellung machen. Nun, sieh mal, diese Zigarrenkisten sind auch so ein plastisches Hülfsmittel, sie stellen nämlich meinen Fettverlust dar, den ich in angestrengter Mühe und Arbeit erzielt habe. Jede dieser Zigarrenkisten hat fast genau einen Inhalt von zwei Kubikdezimetern und entspricht darum einem Gewichte von etwa vier Pfund. Sechs sind es – viermal sechs sind vierundzwanzig, und soviel Pfunde habe ich mir glücklich ›vom Leibe geschmorgt‹. Das habe ich mir gestern genau ausgerechnet und mir dieses Resultat heute morgen als mein bestes Geburtstagsgeschenk selber aufgebaut. Es ist doch eine merkwürdige Sache, wenn man es so körperlich vor sich sieht.« Und er betrachtete seinen Aufbau mit schwärmerischen Blicken.

»Nun, nach solchen Erfolgen«, sagte ich, »wirst du doch gewiß auf deinen Lorbeeren ruhen?«

»Nimmermehr!« antwortete er mit einer gewissen Größe und einer erhabenen Handbewegung. »Sieh mal, jetzt empfinde ich schon eine gewisse Wonne an der Enthaltsamkeit und bin, sozusagen, ein Fanatiker der Entbehrung geworden. An glühenden Sommerabenden, nach heißen, stillen Tagen, wie wir sie in diesem Jahre so viele hatten, da versetze ich mich gern in die Lage eines Forschungsreisenden in der afrikanischen Wüste, eines solchen, zu dessen lieblichen Gewohnheiten in der Heimat es gehörte, allabendlich in einem kühlen Bräu einzukehren und unterschiedliche Maß zu trinken. Denke nur, mit welcher Inbrunst er nach heißer Wanderung sich am Abend in der schatten- und bierlosen Gegend in den Gedanken vertiefen wird, Doktor Fausts Mantel zu besitzen, damit er schnellen Fluges sich in ein kühles Bräuhaus zu begeben vermöchte, um seinen erhabenen Wüstendurst nicht nutzlos zugrunde gehen zu lassen. Ich dagegen, wenn ich am heißen, glühenden Abend nach beendigter Schmorkur von meinem Spaziergange zurückkehre, brauche Fausts Mantel nicht. Es liegen an meinem Wege zahllose der herrlichsten Bier-Tempel in allen Stilarten, und in jedem fließt ein anderer köstlicher Stoff zur beliebigen Auswahl; allein stolz schreite ich vorüber, die Hand in den Busen gesteckt, und lasse mir genügen an dem Hochgefühle, unwandelbaren Grundsätzen zu gehorchen.«

Nun, ich bewunderte meinen Freund Bornemann wegen seiner gewaltigen Grundsätze, hegte aber einen leichten Zweifel an ihrer Dauer in meinem Herzen, denn diese Tugend erschien mir ein wenig wortreich und mit allerlei verzweifelten Schnörkeln verziert.

Jedoch einstweilen blieb es beim Alten, und er schien seiner Widerstandskraft schon manches zuzutrauen, denn er kam wieder in die Sitzungen des »Allgemeinen deutschen Reimvereins«, dessen Mitglieder sich damals an jedem Freitagabend in der Jägerstraße beim Münchner Biere versammelten. Sein dünnes, halbes Fläschchen Moselwein nahm sich dürftig aus zwischen all den breitspurigen und behäbigen Maßkrügen, allein er ließ sich das nicht anfechten, hielt die schönsten Reden über den Nutzen der Enthaltsamkeit und Tugend und zuckte mit keiner Wimper, wenn ringsum der herrliche Stoff mit begeisterten Worten gelobt wurde.

»Meine lieben Freunde«, pflegte er gern zu sagen, »das deutsche Volk steht wieder auf der Höhe und hat vielleicht den äußersten Gipfel seiner Macht noch nicht einmal erklommen. Aber zwei tückische Dämonen nagen bereits an seinen Wurzeln, zwei böse B, und sie nennen sich Bier und Bildung. Am Bierdusel und am Bildungsdusel wird unser Volk schließlich wieder zugrunde gehen. Durch den Zwang zu ewigem, ödem Gelerne und törichter Examenmacherei wird die Tatkraft seiner Jugend gelähmt, und das Wenige, was dann noch übrigbleibt, wird in dem großen Biersee untergehen, dessen Fluten immer höher anschwellen. Wie sinnreich ist es nicht, daß diese beiden Wörter alliterierend aneinander klingen. Denn daß sie auch in Wirklichkeit zusammengehören, das beweisen unsere höchsten Bildungsstätten, die Universitäten, wohl schlagend genug.«

Mit solchen kuriosen Gedankenspielen beschäftigte er sich gern und liebte es, die Richtigkeit seiner Ansicht mit großem Wortschwalle und dem Aufwande seines ganzen Scharfsinnes zu verfechten. Jedoch im Laufe des Herbstes bemerkte ich, daß er laxer wurde in seinen Gesinnungen und nicht mehr so genau nach der asketischen Strenge seiner ärztlichen Vorschriften lebte. Er hatte immer wundervolle Entschuldigungen bei der Hand und wußte der Sache stets ein schimmerndes Mäntelchen umzuhängen.

Ich erinnere mich, daß ich ihn einmal traf, wie er eine ungeheure Portion Spickgans verzehrte, und zwar mit sämtlichem Fett. »Nun, ist denn das kurgemäß?« fragte ich.

»Geflügel hat der Arzt mir erlaubt!« sagte er mit dem unverschämtesten Ernste, indem er die Augen ein wenig zusammenkniff; zugleich glaubte ich aber um seine Mundwinkel ein leises, tückisches Lächeln zu spüren.

Dann bemerkte ich mit Entsetzen, daß er unmittelbar auf dieses Gericht ein tüchtiges Glas Mosel setzte, eine der größten Sünden gegen diese Kur, die Essen und Trinken durch angemessene Zeiträume voneinander trennt. »Nanu!« rief ich verwundert.

Er sagte mit derselbigen eisernen Stirne wie vorhin: »Bei Schwimmvögeln gestattet man sich eine Ausnahme.«

Als wir nach einiger Zeit einmal wieder im »Allgemeinen Deutschen Reimverein« zusammenkamen, gab es desselbigen Abends graue Erbsen mit Speck, genau nach ostpreußischer Weise zubereitet, eine Speise, die bei Leuten, die eine Entfettungskur brauchen, auf dem Index steht und soviel bedeutet wie Gift. Bornemann war ein Ostpreuße, und man muß wissen, daß diese für solches Gericht denselben Fanatismus haben wie die Thüringer für Kartoffelklösse und die Hamburger für Aalsuppe. Ich saß ihm gerade gegenüber und konnte gut beobachten, mit welchen Blicken er das Gericht betrachtete, das seinem Nachbar soeben aufgetragen wurde. Er sah von der Seite darauf hin, und es zuckte lüstern um seinen Mund. »Sieht gut aus!« sagte er dann. Sein Nachbar, ebenfalls ein Ostpreuße, nickte nur und machte sich an seine Arbeit. Eine Wolke von köstlichem Dufte stieg Bornemann in die Nase; er schnupperte ein wenig und sagte dann: »Riecht gut!«

»Schmeckt auch gut!« erwiderte der Nachbar, gefühllos und grausam.

Bornemann grunzte etwas Unverständliches, wendete sich ab und trommelte mit den Fingern auf dem Tische. Doch nicht lange dauerte es, so drehte er wieder den Kopf und schielte von seitwärts auf das verlockende Gericht.

»Ist es wirklich gut?« fragte er dann.

»I-de-al!« sagte sein Nachbar.

Bornemann sah eine Weile von seitwärts auf den Teller hin und bewegte die Finger, ähnlich wie ein Laubfrosch, wenn er die leckere Fliege ins Auge gefaßt hat. Noch einmal riß er sich zusammen, wandte sich kurz ab und versuchte ein Gespräch mit seinem anderen Nachbar anzuknüpfen. Allein es gelang ihm nicht, denn seine Seele war nicht bei der Sache. Mit magischer Gewalt zog es ihn wieder herum, und sehr eindringlich fragte er dann: »Nun sagen Sie mir aber mal ehrlich: ist es wirklich gut? Ist es gerade so, wie bei uns zu Hause?«

Der andere machte ein verklärtes Gesicht und rief: »Gewiß Mannchen, genau so! Mit einem Worte: i-de-al!«

Ein fürchterlicher Kampf wogte in Bornemanns Innerem. Seine Züge veränderten sich, sein Atem ging schwer, er ballte seine Faust, und ich sah deutlich, wie ein ungeheurer Entschluß in ihm reifte.

»Kellner!« sagte er plötzlich, und seine Stimme bebte vor verhaltener Erregung, »bringen Sie mir auch graue Erbsen, aber« – so fügte er mit gedämpfter Stimme, jedoch sehr eindringlich hinzu – »mit zweimal Speck.«

»Wenn schon – denn schon!« murmelte er dann für sich und ließ seine Augen scheu über die Tafelrunde gleiten. Aber niemand hatte darauf geachtet, und ich hatte beizeiten meine Blicke diskret abgewandt.

Soll ich nun ausmalen, wie das Verderben weiter

fortschritt und von dem stolzen Baue seiner erhabenen Grundsätze ein Stein nach dem anderen abbröckelte? O nein, ich glaube, das ist ein Schauspiel, an dem sich nur böse Menschen zu erfreuen vermögen, und solche habe ich nicht unter meinen Lesern. Aber verschweigen darf ich nicht, daß ihn um diese Zeit ein anderer Freund in der »Stadt Athen« antraf, wo er vor drei geleerten halben Litern badischen Weines saß und eben mit dem vierten beschäftigt war. »Was machen Sie hier?« fragte der Freund, verwundert über die Leistung.

»Ich enthalte mich des Bieres, wie Sie sehen!« knurrte Bornemann ingrimmig.

Und ebenfalls darf ich nicht verschweigen, daß ich ihn sechs Wochen später in einem Bierlokale, wo niemand von uns sonst zu verkehren pflegte, vor einem mächtigen Maßkruge fand. Er wurde sichtlich rot, geriet in Verlegenheit, stotterte einen Satz, von dem ich nur die Wörter »ausnahmsweise mal« verstand, und kam sich sichtlich höchst entlarvt vor. Den Akt der Bezahlung suchte er augenscheinlich in einen geheimnisvollen Schleier zu hüllen, indem er das Geld unter dem Tische abzählte und es dem Kellner, der ihn zu meiner Verwunderung wie einen täglichen Stammgast behandelte, stillschweigend in die Hand drückte. Dieser ließ seinen Blick darüber hingleiten und sprach das schreckliche Wort: »Also fünf Liter, wie gewöhnlich, Danke schön, Herr Doktor!«

Das war das Ende der Entfettungskur meines Freundes Bornemann.

Guy de Maupassant

DAS SCHWEIN, DER MORIN

I.

Da hast du schon wieder die vier Worte: ›Das Schwein, der Morin‹ ausgesprochen, lieber Freund«, sagte ich zu Labarbe, »warum, zum Teufel, habe ich von Morin noch nie sprechen hören, ohne daß man ihn das Schwein nannte?«

Labarbe, der heute Abgeordneter ist, sah mich mit seinen Eulenaugen an. »Was, du bist aus La Rochelle und kennst nicht Morins Geschichte?«

Ich gestand, daß ich Morins Geschichte nicht kannte. Da rieb Labarbe sich die Hände und begann seine Erzählung: »Du hast doch Morin gekannt und entsinnst dich seines großen Kramladens auf dem Quai de la Rochelle?«

»Ja gewiß.«

»So erfahre denn, daß im Jahre 1862 oder 63 Morin auf vierzehn Tage zu seinem Vergnügen nach Paris fuhr, natürlich unter dem Vorwand, seine Warenbestände zu erneuern. Du weißt, was vierzehn Tage in Paris für einen Kaufmann aus der Provinz bedeuten. Das gießt ihnen Feuer ins Blut. Allabendlich die Theater, wo sie mit Weibern in Berührung kommen und wo ihre Sinne beständig erregt werden. Schließlich wird man verrückt dabei. Man sieht nur noch Tänzerinnen in Trikots, dekolletierte Schauspielerinnen, runde Beine, volle Schultern, und das alles fast in Reichweite, ohne daß man es jedoch zu berühren wagen könnte. Kaum, daß man ein paar minderwertige Sachen zu kosten bekommt, und man fährt wieder fort, das Herz noch ganz erregt und die Sinne gereizt, mit dem kitzelnden Verlangen nach Küssen auf den Lippen.

Morin befand sich in diesem Zustand, als er sich für den Schnellzug acht Uhr vierzig abends ein Billett nach La Rochelle löste. Aufgeregt und betrübt ging er in der großen Vorhalle des Bahnhofs von Orleans auf und ab, als er dicht vor einer jungen Frau stehenblieb, die eine alte Dame umarmte. Sie hatte ihren Schleier hochgehoben, und Morin murmelte entzückt: ›Donnerwetter, ist die schön!‹ Als sie sich von der Alten verabschiedet hatte, ging sie in den Wartesaal, und Morin folgte ihr. Dann ging sie auf den Bahnsteig, und Morin folgte ihr wieder, und als sie in ein leeres Coupé stieg, folgte ihr Morin gleichfalls.

Es waren wenig Reisende in dem Schnellzug. Die Lokomotive pfiff, der Zug setzte sich in Bewegung. Sie waren allein. Morin verschlang sie mit seinen Augen. Sie mochte neunzehn bis zwanzig Jahre alt sein, war blond und groß und sah ziemlich unternehmend aus. Sie wickelte sich eine Reisedecke um die Beine und streckte sich auf die Bank aus, um zu schlafen. Morin fragte sich: Wer ist sie? Tausend Vermutungen, tausend Pläne kreuzten sich in seinem Kopf. Er sagte sich, es wird so viel von Eisenbahnabenteuern erzählt, das ist vielleicht eins, das sich mir darbietet. Wer weiß, ein hübsches Abenteuer kommt oft sehr schnell, vielleicht brauche ich nur etwas Mut zu haben. Ich glaube, Danton hat gesagt: ›Mut! Mut! und immer wieder Mut!‹ War es nicht Danton, dann war es Mirabeau. Das ist ja auch einerlei. Mir fehlt es nur an Mut, das ist die Sache. Ja, wenn man wüßte! Wenn man in den Seelen lesen könnte! Ich wette, man streift täglich, ohne es zu ahnen, an den glänzendsten Gelegenheiten vorbei. Eine Bewegung würde genügen, um mir anzudeuten, daß sie gar nichts Besseres verlangt… Und nun erschöpfte er sich in allerlei Vermutungen, die ihn zum Siege führen könnten. Er malte sich aus, wie er in ritterliche Beziehungen zu ihr trat, wie er ihr kleine Gefälligkeiten erwies, wie sich eine lebhafte, zärtliche Unterhaltung entspann, die er mit einer Erklärung schloß, und mit… Na, du kannst dir ja denken! Aber ihm fehlte immer noch die Einleitung, der richtige Vorwand, und erregten Herzens und mit wirren Gedanken wartete er auf einen glücklichen Zufall.

So verfloß die Nacht, und das schöne Kind schlief immer noch, während Morin darüber nachdachte, wie er es zu Fall bringen könnte. Es wurde Tag, und bald sandte die Sonne ihren ersten hellen Lichtstrahl vom Rande des Horizonts über das liebliche Gesicht der Schläferin. Sie erwachte, richtete sich auf, sah auf die Landschaft hinaus, blickte Morin an und lächelte. Sie lächelte glücklich, fröhlich und ermunternd. Morin erzitterte. Dies Lächeln nahm ihm jeden Zweifel. Es war eine vorsichtige Einladung, das geträumte Zeichen, auf das er wartete. Dies Lächeln wollte sagen,

›Sind Sie aber töricht, albern und dumm, daß Sie seit gestern abend wie ein Stock ruhig auf Ihrem Platz geblieben sind. Sehen Sie mich doch an, bin ich nicht reizend? Und Sie sitzen eine ganze Nacht einer hübschen Frau gegenüber, ohne das geringste zu wagen, Sie großer Narr!‹

Sie blickte ihn an und lächelte immer weiter. Sie begann sogar zu lachen, und er verlor den Kopf, während er nach einer Schmeichelei, einer Anknüpfung suchte, kurz nach irgend etwas, gleichviel was, aber er fand nichts, gar nichts. Da packte ihn der Mut, der zuweilen selbst dem Feigen kommt, und er dachte: Schlimm genug, ich wage es trotzdem! Und ungestüm, ganz unvermittelt, stürzte er mit vorgestreckten Händen und verliebten Lippen auf sie zu, umarmte und küßte sie. Mit einem Satz sprang sie auf und rief heulend vor Angst: ›Zu Hilfe!‹ Sie riß die Tür auf und fuchtelte wie toll vor Furcht mit den Armen herum, sie wollte hinausspringen, während Morin, der überzeugt war, sie würde sich auf die Schienen stürzen, sie ganz entsetzt am Rock zurückhielt und stammelte: ›Meine Gnädige!... oh meine Gnädige!‹

Der Zug fuhr langsamer und hielt. Zwei Beamte stürzten bei den verzweifelten Bewegungen des schönen, jungen Mädchens herbei. Sie sank ihnen in die Arme und stotterte: ›Der Mann wollte... wollte mich... mich...‹ und sie wurde ohnmächtig. Der Zug hielt gerade im Bahnhof von Mauzé. Der anwesende Gendarm arretierte Morin. Als das Opfer seiner Brutalität wieder zum Bewußtsein kam, erklärte es den Tatbestand. Es wurde ein Protokoll aufgenommen, und der arme Kaufmann kam erst abends nach Hause. Ihm stand wegen öffentlicher Unzucht eine gerichtliche Verfolgung bevor.

II.

Ich war damals Chefredakteur des ›Fanal des Charentes‹, und ich traf Morin jeden Abend im Börsencafé. Am Morgen nach seinem Abenteuer suchte er mich auf und wußte nicht, was er tun sollte. Ich hielt mit meiner Meinung nicht hinter dem Berge. ›Du bist ein Schwein! So benimmt man sich nicht!‹ Er weinte. Seine Frau hatte ihn geprügelt; er sah sein Geschäft ruiniert, seinen Namen entehrt und durch den Schmutz gezogen, und seine Freunde grüßten ihn nicht mehr. Schließlich hatte ich Mitleid mit ihm und rief meinen Mitarbeiter Rivet, einen kleinen, klugen und schlauen Menschen, um ihn um Rat zu fragen. Er empfahl mir, den kaiserlichen Staatsanwalt aufzusuchen, mit dem ich befreundet war. Ich schickte Morin nach Hause und begab mich selbst zu dem Beamten. Ich erfuhr, die beleidigte Dame sei ein junges Mädchen, Fräulein Henriette Bonnel, die in Paris ihr Examen als Erzieherin gemacht hatte und die als elternlose Waise ihre Ferien bei ihrem Onkel und ihrer Tante, braven, kleinen Bürgersleuten in Mauzé, verbrachte. Morins Lage wurde dadurch erschwert, daß der Onkel bereits eine Klage eingereicht hatte. Der Staatsanwalt war bereit, die Sache fallenzulassen, wenn diese Klage zurückgezogen würde. Dafür mußte also gesorgt werden. Ich ging wieder zu Morin. Ich fand ihn in seinem Bett. Die Erregung und der Ärger hatten ihn krank gemacht. Seine Frau, eine lange, knochige, bärtige Person, quälte ihn unaufhörlich. Sie führte mich in sein Schlafzimmer und schrie mir ins Gesicht: ›Sie wollen das Schwein, den Morin sehen! Da ist der Kerl!‹ Sie pflanzte sich vor sein Bett und stemmte die Fäuste in die Hüften. Ich legte die Sachlage klar, und er bat mich, die Familie aufzusuchen. Der Auftrag war bedenklich, aber ich übernahm ihn. Der arme Teufel wiederholte fortwährend: ›Ich versichere dich, ich habe sie nicht einmal geküßt! Nicht einmal das! Ich schwöre es dir!‹ ›Gleichviel‹, erwiderte ich, ›du bist doch ein Schwein!‹ Und ich nahm die tausend Francs, die er mir gab, um sie nach meinem Dafürhalten zu verwenden.

Da ich mich aber nicht allein in das Haus der Verwandten begeben wollte, bat ich Rivet, mich zu begleiten. Er war einverstanden unter der Bedingung, daß wir sofort abreisten, denn er hatte am Nachmittag ein wichtiges Gespräch in La Rochelle. Einige Minuten nachdem wir angekommen waren, klingelten wir an der Tür eines kleinen Landhauses. Ein schönes, junges Mädchen öffnete uns. Zweifellos war sie es. Ich sagte leise zu Rivet: ›Donnerwetter, jetzt verstehe ich Morin!‹ Herr Tonnelet, der Onkel, war zufällig Abonnent des ›Fanal‹, ein eifriger, politischer Parteigenosse, der uns mit offenen Armen empfing, uns beglückwünschte, uns vergnügt die Hände schüttelte und begeistert war, zwei Redakteure seiner Zeitung in seinem Hause zu sehen. Rivet tuschelte mir ins Ohr: ›Ich glaube, wir werden dem Schwein, dem Morin, die Sache arrangieren können.‹ Die Nichte hatte sich entfernt, und ich begann die peinliche Frage zu erörtern. Ich schilderte ihm lebhaft das Gespenst des Skandals. Ich machte ihm klar, daß das junge Mädchen durch den Lärm, den eine solche Sache macht, unzweifelhaft an Achtung verlieren würde, denn niemals würde man nur an einen einfachen Kuß glauben. Der gute Mann schien unentschlossen, aber er konnte sich nicht ohne seine Frau entscheiden, die erst am späten Abend zurückkommen sollte. Plötzlich rief er triumphierend: ›Halt, ich habe eine vorzügliche Idee! Sie bleiben hier, Sie essen und übernachten alle beide bei mir, und wenn meine Frau zurück ist, werden wir uns hoffentlich verständigen.‹

Rivet wollte erst nicht, aber der Wunsch, das Schwein, den Morin, aus dem häßlichen Handel zu ziehen, gab den Ausschlag. Wir nahmen die Einladung an. Der Onkel stand strahlend auf, rief seine Nichte und schlug uns einen Spaziergang durch seine Besitzung vor. ›Die Geschäfte erledigen wir heute abend‹, sagte er.

Rivet und er unterhielten sich über Politik, und ich befand mich bald ein paar Schritte hinter ihnen, neben dem jungen Mädchen. Sie war in der Tat reizend, ganz reizend. Mit außerordentlicher Vorsicht begann ich von ihrem Abenteuer zu sprechen und wollte versuchen, sie mir zur Verbündeten zu machen. Sie schien jedoch nicht im geringsten verwirrt und hörte mir zu, als amüsierte sie sich außerordentlich. Ich sagte ihr: ›Bedenken Sie doch alle die Unannehmlichkeiten, Fräulein, die Sie haben werden. Sie müssen vor Gericht erscheinen, wo man Sie mit boshaften Blicken betrachten wird, und Sie müssen öffentlich vor aller Ohren die unangenehme Szene im Coupé erzählen. Unter uns, wäre es nicht besser gewesen, Sie hätten nichts gesagt und hätten den unanständigen Menschen zurechtgewiesen, ohne die Beamten zu rufen, indem Sie einfach in ein anderes Coupé stiegen?‹ Sie begann zu lachen. ›Was Sie sagen, ist richtig, aber was wollen Sie? Ich hatte Angst, und wenn man Angst hat, überlegt man nicht mehr. Als ich die Situation erfaßte, tat es mir sehr leid, daß ich geschrien hatte, aber es war zu spät. Sie müssen auch bedenken, daß der törichte Mensch sich wie ein Rasender auf mich warf, ohne ein Wort zu sprechen. Er sah ganz verrückt aus, ich wußte ja gar nicht, was er von mir wollte.‹ Ohne Verwirrung und ohne Scheu sah sie mir ins Gesicht, und ich sagte mir: ›Das ist ein fideles Mädel! Jetzt begreife ich, daß das Schwein sich so irren konnte.‹ Scherzend sprach ich weiter: ›Sie müssen zugeben, Fräulein, daß er zu entschuldigen war, denn einer so hübschen Dame wie Ihnen kann man nicht gegenübersitzen ohne das lebhafte und absolut berechtigte Verlangen, sie zu küssen.‹ Sie lachte stärker und zeigte ihr weißen Zähne. ›Zwischen dem Verlangen und der Tat ist immer noch für die Achtung Platz.‹ Der Satz klang drollig, wenn auch etwas unverständlich, und ich fragte plötzlich: ›Und was würden Sie tun, wenn ich Sie jetzt küßte?‹ Sie blieb stehen und betrachtete mich von oben bis unten, dann sagte sie ruhig: ›Ja, Sie! Das ist etwas anderes!‹

Ich wußte freilich, daß es etwas anderes war, denn in der ganzen Provinz nannte man mich den ›schönen Labarbe‹. Ich war damals dreißig Jahre alt, aber trotzdem fragte ich: ›Warum?‹ Sie zuckte die Achseln und erwiderte: ›Weil Sie nicht so dumm aussehen wie er!‹ Sie warf mir einen flüchtigen Blick zu und setzte hinzu: ›Und auch nicht so häßlich.‹ Ehe sie auch nur eine

Bewegung machen konnte, um mir auszuweichen, hatte ich sie hastig auf die Backe geküßt. Sie sprang zur Seite, aber es war zu spät. ›Sie scheinen wenig Umstände zu machen‹, sagte sie, ›aber versuchen Sie das nicht noch einmal!‹ Ich tat sehr zerknirscht und sagte halblaut: ›Oh, mein Fräulein, ich habe nur den einen Wunsch im Herzen, ich möchte aus demselben Grunde wie Morin vor Gericht gestellt werden.‹

›Warum?‹ fragte sie zurück. Ich sah ihr ernst ins Auge. ›Weil Sie das schönste Geschöpf sind, das ich kenne, weil es für mich eine Art Diplom, ehrenvoll und rühmlich wäre, wenn ich Sie zu vergewaltigen versucht hätte. Später hieße es dann stets, wenn man mich sähe: ›Labarbe hat ja seine Strafe nicht umsonst gekriegt, aber Glück hat er trotzdem gehabt!‹ Sie lachte herzlich und sagte: ›Sind Sie komisch!‹ Sie hatte das Wort komisch noch nicht zu Ende gesprochen, als ich sie schon in den Armen hielt und gierig küßte, wo ich nur ein Plätzchen fand. Auf das Haar, auf die Stirn, auf die Augen, auf den Mund, auf die Backen, auf den ganzen Kopf, von dem sie immer wider Willen eine kleine Stelle enthüllte, um die anderen zu schützen. Endlich machte sie sich rot und entrüstet los. ›Sie sind sehr grob, und ich bedauere, Sie angehört zu haben.‹ In einiger Verwirrung ergriff ich ihre Hand und stammelte: ›Verzeihung, Verzeihung, mein Fräulein! Ich habe Sie verletzt, ich bin brutal gewesen. Seien Sie mir nicht böse! Wenn Sie wüßten…!‹ Vergeblich suchte ich nach einer Entschuldigung. Nach einer Sekunde sagte sie: ›Ich will nichts wissen.‹ Aber jetzt hatte ich etwas gefunden und rief: ›Seit einem Jahr schon liebe ich Sie, mein Fräulein!‹ Sie war tatsächlich überrascht und sah zu mir auf. ›Ja, hören Sie mich an‹, fuhr ich fort, ›ich kenne Morin nicht, und er ist mir sehr gleichgültig, mir liegt nichts daran, ob er ins Gefängnis und vor Gericht kommt. Ich habe Sie im vorigen Jahr hier gesehen! Sie standen dort drüben am Gitter. Mir fuhr es wie ein Blitz durchs Herz, als ich Sie erblickte, und Ihr Bild ist nicht wieder von mir gewichen. Glauben Sie mir oder glauben Sie mir nicht, gleichviel, ich habe Sie anbetungswürdig gefunden, und so ergriff ich gern den Vorwand, den dieser Esel von Morin mir gab, und kam hierher. Die Umstände ließen mich zu weit gehen, verzeihen Sie, ich bitte Sie, verzeihen Sie mir.‹ Sie sah mich zweifelnd an, ob ich die Wahrheit sagte, und schien schon wieder lächeln zu wollen. Leise sagte sie: ›Lügner!‹

Ich hob die Hand, und mit aufrichtigstem Tone – ich glaube sogar, ich war wirklich aufrichtig – sagte ich: ›Ich schwöre Ihnen, ich lüge nicht‹ Sie erwiderte einfach: ›Gehen wir!‹ Wir waren allein, ganz allein. Rivet und der Onkel waren in einer Biegung des Weges verschwunden, und ich machte ihr eine richtige, lange, zärtliche Liebeserklärung und drückte und küßte ihre Finger. Sie hörte mir zu, als sagte ich ihr ganz neue, angenehme Dinge. Sie wußte nicht recht, was sie davon halten sollte. Schließlich wurde ich ganz verwirrt und empfand sogar das, was ich sagte. Ich war blaß und zitterte vor Leidenschaft, und sanft faßte ich sie um die Taille. Ich sprach ihr ganz leise in die krausen Härchen am Ohr; sie schien wie tot, so träumte sie vor sich hin. Ihre Hand fand die meine und drückte sie. Ich preßte mit zitternder, leidenschaftlicher Umarmung ihre Gestalt an mich, und sie regte sich nicht mehr. Mein

Mund streifte ihre Wange, und ohne zu suchen, fanden meine Lippen plötzlich die ihren. Es war ein langer, langer Kuß, und er hätte noch länger gedauert, wenn nicht jemand ein paar Schritte hinter mir ›Hm, Hm‹ gemacht hätte.

Sie floh ins Gebüsch. Ich drehte mich um und sah Rivet, der auf mich zukam. Er blieb mitten auf dem Weg stehen, und ohne zu lachen, sagte er: ›So also bringst du die Sache von dem Schwein, dem Morin, in Ordnung?‹ Geckenhaft erwiderte ich: ›Man tut, was man kann! Und der Onkel? Was hast du bei ihm erreicht? Die Nichte nehme ich auf mich!‹ Rivet erklärte: ›Bei dem Onkel habe ich weniger Glück gehabt!‹

Ich faßte ihn unter den Arm, und wir gingen ins Haus!

III.

Als das Essen zu Ende ging, hatte ich vollständig den Kopf verloren. Ich saß neben ihr, und unter dem Tischtuch traf meine Hand unaufhörlich die ihre. Mein Fuß drückte ihren Fuß, und unsere Blicke senkten sich tief ineinander. Nach Tisch wurde ein Spaziergang im Mondschein gemacht, und alle Zärtlichkeit, die mir im Herzen aufquoll, flüsterte ich in ihre Seele. Ich hielt sie fest an mich gepreßt, ich küßte sie immer wieder und drückte meine Lippen auf die ihren. Vor uns unterhielten sich der Onkel und Rivet, und ihre Schatten folgten ihnen würdig auf dem Sand des Weges. Wir gingen ins Haus, und bald brachte der Telegraphenbote eine Depesche der Tante, welche meldete, sie würde erst am nächsten Morgen um sieben Uhr mit dem ersten Zuge kommen. Der Onkel sagte: ›Zeige den Herren ihre Zimmer, Henriette!‹ Wir schüttelten dem braven Mann die Hand und gingen hinauf. Sie führte uns zuerst in Rivets Zimmer, und er tuschelte mir ins Ohr: ›Ich habe mich auch gar nicht geängstigt, daß sie uns zuerst zu dir führen würde.‹ Dann geleitete sie mich an mein Bett. Kaum war sie mit mir allein, so schloß ich sie wieder in meine Arme und versuchte, ihren Sinn zu betören und ihren Widerstand zu brechen. Aber als sie fühlte, daß sie schwach wurde, eilte sie davon. Ich legte mich sehr erregt, sehr ärgerlich und sehr mißgestimmt zu Bett. Ich wußte, ich würde die ganze Nacht kein Auge zutun, und fragte mich vergeblich, ob ich mich irgendwie ungeschickt benommen hätte. Da klopfte es leicht an meine Tür. ›Wer ist da?‹ fragte ich. Eine leise Stimme erwiderte: ›Ich!‹ Ich kleidete mich rasch an und öffnete. Sie trat herein. ›Ich habe vergessen, Sie zu fragen, was sie morgens zu trinken wünschen, Schokolade, Tee oder Kaffee?‹ Stürmisch hatte ich sie an mich gerissen, überschüttete sie mit gierigen Liebkosungen und stammelte: ›Ich möchte... ich möchte... ich möchte...‹ Aber sie wand sich aus meinen Armen, blies mir das Licht aus und verschwand. Ich blieb wütend allein im Dunkeln, suchte die Streichhölzer und fand sie nicht. Endlich entdeckte ich sie, und halb toll ging ich mit dem Licht in der Hand auf den Korridor hinaus. Was wollte ich tun? Ich überlegte nicht mehr, ich wollte sie finden, ich wollte sie haben! Ohne an irgend etwas zu denken, machte ich ein paar Schritte. Dann überlegte ich mir plötzlich: Wenn ich nun aber in das Zimmer das Onkels gerate, was soll ich ihm sagen? Unbeweglich blieb ich stehen.

Der Kopf war mir leer, das Herz klopfte mir! Nach ein paar Sekunden fand ich die Antwort. Ich werde ihm sagen, ich wollte in Rivets Zimmer, um noch eine dringende Sache mit ihm zu besprechen, und ich untersuchte die Türen und mühte mich, ihr Zimmer zu finden. Aber nichts konnte mir einen Anhalt geben: Aufs Geratewohl drückte ich auf eine Klinke, öffnete und trat ein… Henriette hatte sich erschreckt in ihrem Bett aufgesetzt und starrte mich an. Da schob ich leise den Riegel vor, ging auf den Fußspitzen zu ihr und sagte: ›Ich habe vergessen, Fräulein, Sie um ein Buch zu bitten.‹ Sie wehrte sich, aber bald hatte ich das Buch geöffnet, das ich suchte. Den Titel werde ich nicht nennen, es war der wunderbarste Roman, das herrlichste Gedicht, das ich je gelesen. Als ich einmal die ersten Seiten umgeblättert hatte, ließ sie mich nach Belieben darin lesen, und ich erledigte so viele Kapitel, daß unsere Kerzen bis zum Leuchter herunterbrannten.

Ich dankte ihr und schlich mich leise in mein Zimmer zurück, als eine kräftige Hand mich festhielt und Rivets Stimme mir ins Ohr flüsterte: ›Hast du für das Schwein, den Morin, die Sache endlich in Ordnung gebracht?‹

Schon um sieben Uhr morgens brachte sie mir selbst eine Tasse Schokolade. Etwas Ähnliches habe ich nie genossen. An der Schokolade hätte man sich tot trinken können, so sanft, so duftig, so lieblich, so berauschend schmeckte sie.

Kaum hatte sich das junge Mädchen entfernt, als Rivet zu mir kam. Er schien etwas nervös und gereizt zu sein, als hätte er schlecht geschlafen, und ärgerlich sagte er: ›Weißt du, wenn du so weiter machst, wirst du dem Schwein, dem Morin, die Sache noch ganz und gar verderben.‹

Um acht Uhr kam die Tante. Die Unterredung dauerte nicht lange. Die braven Leute zogen ihre Klage zurück unter der Bedingung, daß ich fünfhundert Francs für die Armen des Ortes bezahlte. Sie wollten uns noch den Tag über bei sich behalten und einen Ausflug arrangieren, um die Ruinen zu besichtigen. Hinter dem Rücken ihrer Verwandten machte mir Henriette mit dem Kopf Zeichen, daß ich bleiben sollte. Ich nahm an, aber Rivet wollte durchaus fort. Ich nahm ihn zur Seite, ich bat ihn, ich beschwor ihn und sagte ihm: ›Tue mir doch den Gefallen, mein kleiner Rivet!‹ Aber er schien wütend und sagte mir ins Gesicht: ›Ich habe jetzt genug von der Sache mit dem Schwein, dem Morin.‹

So war ich denn gezwungen, gleichfalls abzureisen, und in meinem Leben habe ich nie einen schlimmeren Augenblick erlebt. Ich hätte die Sache gern noch mein ganzes Leben lang in Ordnung gebracht. Als wir uns mit stummem, leidenschaftlichen Händedruck Lebewohl gesagt hatten, sagte ich im Coupé zu Rivet: ›Du bist ein roher Mensch!‹

›Mein Junge‹, erwiderte er, ›du hast mich nachgerade verdammt nervös gemacht.‹

Als wir in die Redaktion des ›Fanal‹ kamen, sah ich eine ganze Menge Menschen, die schon auf uns warteten. Als sie uns erblickten, riefen sie: ›Na, haben Sie für das Schwein, den Morin, die Sache in Ordnung gebracht?‹ Ganz La Rochelle war darüber in Aufregung. Rivet, dessen üble Laune geschwunden war, konnte sich das Lachen kaum verbeißen, als er erklärte: ›Jawohl, Dank der guten Beihilfe Labarbes ist es uns gelungen.‹

Wir gingen zu Morin. Er lag in einem Sessel ausgestreckt, mit Senfpflastern auf den Beinen und kalten Umschlägen auf dem Kopf. Er war halb tot vor Angst. Er hustete unaufhörlich, als wenn er sterben sollte, und niemand wußte, wo er sich diese Erkältung geholt hatte. Seine Frau sah ihn an wie eine Tigerin, als wollte sie ihn jeden Augenblick verschlingen. Als er uns erblickte, zitterte er so heftig, daß ihm Hände und Füße ordentlich flogen. ›Die Sache ist in Ordnung, du Schmutzfink‹, sagte ich zu ihm, ›aber mach so etwas nicht noch mal!‹ Er stand stöhnend auf, ergriff meine Hände und küßte sie, als wäre ich ein Fürst. Er weinte und wäre beinahe ohnmächtig geworden. Er umarmte Rivet und sogar Frau Morin, die ihm einen Stoß gab, daß er auf seinen Sessel zurückflog.

Er erholte sich jedoch nie wieder von diesem Schlag, die Aufregung war zu heftig gewesen. In der ganzen Gegend nannte man ihn nur noch ›das Schwein, der Morin‹, und dieses Wort drang jedesmal, wenn er es hörte, wie ein Dolchstich in sein Herz. Wenn ein Straßenjunge ›Schwein‹ rief, drehte er jedesmal unwillkürlich den Kopf herum. Seine Freunde quälten ihn mit unglaublichen Scherzen, und so oft sie Schinken aßen, fragten sie: ›Das ist wohl von deinem…?‹ Zwei Jahre später starb er…

Ich bewarb mich im Jahre 1875 um ein Deputiertenmandat und machte aus diesem Grunde Herrn Belloncle, dem neuen Notar in Tousserre, einen Besuch. Eine große, üppige, junge Frau empfing mich.

›Erkennen Sie mich nicht wieder?‹ fragte sie.

›Nein… leider… ich erinnere mich nicht, gnädige Frau!‹ stammelte ich.

›Henriette Bonnel.‹

›Ach!…‹ Und ich fühlte, wie blaß ich wurde. Sie schien sich außerordentlich wohlzufühlen und sah mich lächelnd an.

Als sie mich mit ihrem Gatten allein ließ, ergriff er meine Hände, drückte sie, als wollte er sie zerbrechen, und sagte: ›Ich wollte Sie schon lange einmal besuchen, meine Frau hat mir von Ihnen erzählt! Ich weiß, ja, ich weiß‹, fuhr er fort, ›aus wie schrecklichem Anlaß Sie sie kennengelernt haben, ich weiß auch, wie ungemein zartfühlend, taktvoll und aufopfernd Sie sich in jener Sache benommen haben…‹ Er zögerte einen Augenblick, dann sagte er leiser, als müßte er ein unanständiges Wort aussprechen… ›in der Sache mit diesem Schwein, dem Morin‹.«

Otto Julius Bierbaum

DER MUTIGE REVIERFÖRSTER

König Leberecht, der schon in vorgerückten Jahren befindliche, aber immer noch recht rüstige Beherrscher eines angenehm im Gebiete der mittleren Zone gelegenen Landes, liebte es, die Büchse im Arm, auf hohe Berge zu steigen und dort all das Wild zu erlegen, das man mit viel Mühe und Kunst in die unmittelbare Nähe seines Feuerrohres brachte.

Auf diesen Jagdzügen begleiteten ihn, der gerne Menschen um sich hatte, weil er wohl wußte, daß es für Fürsten nicht gut ist, allein zu sein, nicht nur eine Schar bevorzugter Männer des Hof- und Staatsdienstes, sondern auch eine wohlausgewählte Mustergarnitur solcher Leute, die sich durch fachgemäße Überdeckung größerer Leinwandflächen mit Farbe oder durch andere Hantierungen von gewissermaßen künstlerischem Charakter in der Leute Mund gebracht und überdies durch die Annahme des Titels von Professoren bewiesen hatten, daß sie, obwohl keiner ernsthaften Beschäftigung obliegend, doch Sinn für das bürgerlich Reputierliche besaßen.

Es war, und dessen war sich ein jeder in des Königs Jagdgefolge wohl bewußt, eine große Ehre, mit Seiner

Die Eitelkeit

Majestät durch die Felder und durch die Auen zu streifen, sowie auf schmalen Pfaden die erhabenen Gipfel der Bergwelt zu erklimmen, die wie wenig anderes dazu angetan erscheint, dem Menschen einen Begriff davon zu geben, wie großartig die Welt ist. Indessen, wie die meisten Ehren, so war auch diese mit Anstrengungen und Unbequemlichkeiten verbunden. Schon das Klettern allein erschien den älteren Ministern, Vortragenden Räten, Kammerherren und Kunstprofessoren als eine im Grunde nicht ganz erfreuliche Muskelübung.

Denn, abgesehen davon, daß der königliche Bergsteiger schon an und für sich in seiner Eigenschaft als Fürst jenen elastischen und lebhaften Gang hatte, von dem wir immer in den Zeitungen lesen, wenn von einem in Bewegung befindlichen Landesvater die Rede ist, war König Leberecht auch noch besonders auf diesen Sport trainiert, da er Zeit seines Lebens die meisten freien Stunden, die ihm die Regierungsgeschäfte ließen, hauptsächlich dazu verwandt hatte, sich in der ebenso gesunden wie vornehmen Kunst des Kletterns auszubilden. Er wäre, wenn ihm die Schicksalsgöttin statt einer Krone einen Gamsbarthut und statt des Zepters einen Bergstock in die Wiege gelegt hätten, zweifellos ein ebenso vortrefflicher Bergführer geworden, wie er nun in Wirklichkeit ein charmanter König geworden war.

Aber die böse Notwendigkeit, mit den untrainierten Beinen des Untertanen den trainierten Beinen des Souveräns in gleichem Schritt und Tritt zu folgen, war noch nicht einmal die fatalste Begleiterscheinung jener ehrenvollen Jagdpartien. Das unangenehmste waren die kalten Bäder, die die höchst badelustige Majestät auf luftiger Höhe im schneekühlen Gewässer munterer Gebirgsbäche zu nehmen liebte und von denen sich keiner ihrer Begleiter ausschließen konnte, da sich der Wasserscheue sonst dem Verdachte ausgesetzt hätte, daß er nicht unter allen Umständen gesonnen sei, seinem höchsten Herrn überallhin zu folgen.

Wie viele ministerielle, geheimrätliche, kammerherrliche, kunstprofessorale Schnupfen die Erfüllung dieser harten Untertanenpflicht im Laufe der Jahre zur Folge hatte, darüber besteht keine Statistik, doch darf ruhig angenommen werden, daß ihrer viele und die meisten davon hartnäckiger Natur waren. Denn nicht jeder verträgt zehn Grad Reaumur im Wasser. Die Loyalität ist willig, aber das Fleisch ist schwach.

Nach einem solchen Bade in der Höhe von eintausendfünfhundert Metern bei entsprechender Wassertemperatur begab es sich nun einmal, daß der König, dem von der genossenen Wasserkühle selber die Finger etwas klamm geworden waren, seine Toilette (mit gebotener Delikatesse zu sprechen) nicht ganz zu Ende führte. Anfangs bemerkte niemand diesen Umstand, da ein jeder nur von dem einen Wunsche beseelt war, die eigene gesunkene Blutwärme durch allseitig luftdichten Verschluß der Kleider wieder in die Höhe zu bringen. Als sich aber später die königliche Jagdgesellschaft auf einem angenehmen Wiesenplane zur Rast niedergelassen hatte, nahm man den kleinen, aber durch seine Örtlichkeit fatal auffälligen Mangel wahr.

Nun ist solche Wahrnehmung selbst unter gewöhnlichen Menschen, wenn der eine nicht gerade die Frau des andern ist, mit einer gewissen Peinlichkeit verbunden. Denn es handelt sich hier, wenn man der Sache auf den Grund geht, um einen Umstand, der geeignet ist, das sittliche Gefühl zu verletzen, um einen dolus eventualis auf dem besonders heiklen Gebiete der Erbsünde sozusagen. Indessen, schließlich gibt sich doch immer einer den gewissen Ruck, nimmt den Betreffenden (in den meisten Fällen ist es ein alter Professor oder Dichter) beiseite und flüstert (wenn man das Wort »geradezu« im Wappen führt): »Sie, Ihr Hosengürtel ist offen«, oder (wenn er delikater ist) mit einem schnellen orientierenden Blicke: »Es ist etwas bei Ihnen nicht in Ordnung.« Ja es gibt sogar Leute, die selbst bei so peinlichen Gelegenheiten zu frivolen Scherzen aufgelegt sind und etwa die Bemerkung machen: »Sie, verlier'n S' fei' nix!«

Kann man aber so etwas einem Fürsten, einem Könige sagen? Nein: man kann nicht! Der höfische Stil versagt hier vollkommen. Es gibt durchaus keine Redewendung in der Phraseologie des Umgangs mit Majestäten, die es ermöglichte, derlei vor ein allerhöchstes Ohr zu bringen, als über welchem bei feierlichen Anlässen nur durch ein paar Zentimeter getrennt eine Krone zu sitzen kommt. Nicht einmal der mit allen Essenzen höfischer Eleganz und Wortbiegungskunst gewaschene Zeremonienmeister, Baron von Bemsl, der doch eine anerkannte Autorität auf dem Gebiete höfischer Linguistik ist, und von dem man hoffte, er werde die schwierige Mission übernehmen und so seinem dichten Lorbeerkranze als königlicher Hausdiplomat ein neues leuchtendes Blatt einverleiben, erklärte, dies überschreite seine Fähigkeiten; dieser Fall sei von einer Heiligkeit, daß man seine Lösung nicht einer Menschenzunge, sondern der Vorsehung selber überlassen müsse, die übrigens, so fügte er mit anmutiger Zuversicht hinzu, noch immer bewiesen habe, daß sie über das königliche Haus mit besonderer Aufmerksamkeit wache. Sohin (er liebte dieses kuriale Wort) werde ihr auch dieser Umstand nicht entgehen, und sie werde zweifellos Mittel und Wege finden, ihn zu beheben, ohne daß sich ein schwacher Mensch den Mund zu verbrennen brauche.

»Das ist alles sehr schön und sehr gut, und ich bin schon von Ressorts wegen der letzte, der an der Vorsehung zu zweifeln wagt,« bemerkte der Kultusminister, dem es trotz eines kaum überstandenen Schüttelfrostes jetzt sehr heiß zumute wurde, »aber sie müßte äußerst schnell eingreifen. Bedenken sie, lieber Baron, daß uns am Fuße dieses Berges eine Deputation der ländlichen Bevölkerung erwartet, darunter vier weißgekleidete Jungfrauen, von denen die jüngste ein Huldigungsgedicht auswendiggelernt hat. Ich wette meinen Kopf, daß die Jungfrau aus dem Konzept kommt, wenn ihr Blick zufällig auf die derangierte Gegend fällt, und diese infamen Bauernlackel werden dem höchsten Herrn sämtlich, ich sage Ihnen: sämtlich nicht ins Gesicht sehen, sondern – ebendorthin. Mein Gott, mein Gott! Die Situation ist von einer märchenhaften Scheußlichkeit. Wir können uns, so gern wir dazu bereit sind, hier nicht auf höhere Mächte verlassen: wir müssen selber ahndeln. Wozu sind Sie denn Zeremonienmeister, wenn Sie sofort versagen, wo es einmal gilt, die durch einen tückischen Zufall bedrohte Würde des Königtums zu retten! Hic Rhodus! Hic salta! Walten Sie Ihres Amtes!«

Der Zeremonienmeister, der es bisher immer zu vermeiden gewußt hatte, in Anwesenheit des Königs Schweiß abzusondern, war nicht imstande, die plebejische Feuchtigkeit zurückzudrängen, die ihm angesichts dieser grauenerregenden Perspektive auf die Stirn trat. Er fühlte die ganze furchtbare Verantwortung, die ihm diese entsetzliche Situation aufbürdete. Er sah das Ansehen des Hofes in Gefahr, die Regierung wanken, den Staat konvulsivischen Zuckungen preisgegeben. Vor seinem inneren Auge jagten sich Feuer, Pulverdampf und blutigrote Wogen der Rebellion. Vor allem aber bebte sein ganzes Gemüt und schoß molkig zusammen wie Milch, wenn's wittert, bei dem Gedanken, daß seine Stellung auf dem Spiele stand. Denn in der Tat, dieser Toilettenmangel gehörte in sein Ressort, da kein Kammerdiener zugegen war.

Sollte er vielleicht doch? … Sollte er nicht doch vielleicht mit dem Anstand, den er hatte, diskret sich in den Hüften wiegend, an den König herantreten und mit delikatem Augenniederschlag lispeln: »Majestät haben Allerhöchst geruht, zu vergessen, sich die…«

Aber bei allen Heiligen und Nothelfern, das geht ja doch nicht! Niemals noch, so lange es Zeremonienmeister gab, haben Zeremonienmeisterlippen derartiges zu einem König zu sagen sich erkühnt.

In seiner fassungslosen Verwirrung überfiel ihn die phantastische Idee, zu den Mitteln der Mimik zu greifen und, sich dicht vor Seine Majestät postierend, an sich selbst, gewissermaßen wie an einem Lehrphantom, scheinbar die Handlung vorzunehmen, die der König an seiner Kleidung tatsächlich unterlassen hatte.

Aber das war ja grotesk, skurril, Wahnsinn! Ebenso

hätte er direkt hingehen und, an das respektive Kleidungsstück der allerhöchsten Person Hand anlegend, den Mangel brevi manu reparieren können – eine Vorstellung, bei der er fast in Tränen der Verzweiflung ausgebrochen wäre.

Aber Verzweiflung ist ein zu gelindes Wort, um auszudrücken, in welchem Zustande sich das zeremonienmeisterliche Gemüt befand. Es war der Auflösung nahe. Schon konnte er kaum mehr seine Augen regieren, die immer nur den einen, sich zu einem ungeheuren Schlund und Abgrund klaffend erweiternden Punkt suchten, der die schauderhafte Quelle dieser unsäglich grausamen Prüfung für ihn war. Gewaltsam mußte er seine Blicke von dort weg wenden, um sie ziellos im Kreise herumirren zu lassen. Ob denn nicht doch irgendeiner der Anwesenden es wagen würde?

An die Staats- und Hoffunktionäre sich zu wenden, war ganz aussichtslos: das fühlte er mit der Gewißheit des Erfahrenen. Aber vielleicht einer dieser Kunstprofessoren?! Unter ihnen, die ja auch sonst zu seinem Entsetzen oft genug gegen den höfischen Ton verstießen, mußte doch einer zu finden sein, der, wenn man ihm einen Orden oder einen Auftrag oder schließlich den persönlichen Adel versprach, das unerhörte, kaum auszudenkende Wagestück unternahm.

Er zog jeden einzelnen beiseite, bat, flehte, rang die Hände, versprach schließlich den gebührenfreien Freiherrntitel und die Erblichkeit der Professur in der Familie, eingeschlossen die weibliche Nachkommenschaft – nichts half. Alle erklärten, lieber eine Literflasche Mastirfirnis auf das Wohl des erhabenen Landesherrn leeren zu wollen.

Der Zeremonienmeister hatte das absolut sichere Gefühl, daß der Jüngste Tag herangebrochen sei; in seinen Ohren dröhnten deutlich die Posaunen. Da fiel sein Blick auf den Revierförster Meier, der hinter einem Baum saß und mit Mißmut konstatierte, daß sein Enzianschnaps zu Ende war.

Ein letzter Hoffnungsstrahl flackerte, aber nur ganz schwach, im Ingenium des halbtoten Hofmanns auf. Der Meister des höfischen Parketts trat zum Meister des gebirgigen Forstes und entwickelte ihm, indem er sich bemühte, durch leise Dialektfärbung seiner Sprechweise etwas Volkstümliches zu verleihen, den ganzen Komplex der verhängnisvollen Verlegenheit hinzufügend, daß er, der biedere Mann aus dem Volke, allein befähigt und berufen sei, den Hof, die Regierung, den Staat zu retten, indem er den König auf jenen Punkt aufmerksam machte, auf jenen Punkt...

»Das Hosentürl? Wenn's weiter nix is?!« meinte Meier.

»Aber Sie dürfen natürlich nicht so geradezu, lieber Meier«, flüsterte der Zeremonienmeister, dem doch etwas bange wurde bei dieser schnellen Entschlossenheit des offenbar ganz ungeleckten Bären... »Sie müssen durch die Blume gewissermaßen... von hinten herum sozusagen... abstrakt...« Er fand durchaus nicht die populären Akzente. Das lag zu weit weg von seinem Ressort.

»Versteh' schon! Natürlich! Ich kenn' mich aus. Von der Schleichseit'n zuweripürschen muß ich mich. Nicht gleich mit dem Hosentürl ins Haus fallen. Beileib! Beileib! Fein andreh'n muß man so was. So, in der Art, daß der König meinen könnt', es wär' einem andern sein Hosentürl!... Schwer is schon. Aber ich hab' schon andere Füchse gefangen.«

Nach diesen Worten überzeugte sich der Revierförster nochmals, daß seine Flasche vollkommen leer war, schob sie resigniert in seinen Rucksack und stand mit der Miene eines Mannes auf, der heftig nachdenkt und zu allem entschlossen ist.

Der Zeremonienmeister sah ein, daß dieser Mann, wenn nicht vorher der Himmel einfiel, binnen zwei Minuten das Unglaubliche zum Ereignis machen werde. Ihm ward zumute, als ob plötzlich der feste Boden unter ihm zu wanken begänne; eine grauslich hohe Woge hob ihn, senkte ihn und führte ihn aufs hohe Meer hinaus, einem ungewissen Schicksal entgegen, daß irgendwo den Rachen aufsperrte, ihn zu verschlingen.

Wie er bemerkte, daß der Revierförster sich in Bewegung setzte, fühlte er alle Schrecken der Seekrankheit in seinen Eingeweiden. Wie durch einen Schleier, einen gelbgrauen Nebel sah und hörte er, was sich nun begab.

Der Revierförster Meier ging gerade auf den König zu, sah ihn aus seinen katzengrauen Augen zutraulich von unten an, nahm seinen bis ins Zeiserlfarbene verschossenen, vor sehr langer Zeit einmal dunkelgrün gewesenen Hut ab und – machte eine Verbeugung. Sodann setzte er seinen Hut wieder auf und stand stramm.

Mit dem scharfen Blicke, der ihn stets auszeichnete, bemerkte König Leberecht, daß dieses durchaus reglementswidrige Gebaren seinen Grund in etwas Besonderem haben müsse, und er fragte mit dem huldvollsten Tone, der das erste ist, was ein richtiger König sich anzueignen keine Mühe und Übung scheut:

»Na, Meier, was gibt's?«

(In diesem Augenblick gab es dem Zeremonienmeister einen schmerzlichen Ruck, und er sah sich direkt vis-à-vis dem Rachen des Ungeheuers, das ihn verschlingen wollte. Sein Herzschlag setzte aus. Ein überlebensgroßer Knödel kroch in seiner Speiseröhre mit einer unangenehmen schlickernden Abart des Rollens empor und versetzte ihm auch den Atem. Sein letzter Gedanke war der Orden vom heiligen Kajetan, von dem er schon lange träumte. Dann Nacht und Vernichtung.)

Meier aber trat einen Schritt vor und sprach mit der markig festen Stimme des deutschen Mannes, der keine Menschenfurcht kennt: »Ich möchte bloß die hohen Herrschaften was fragen.«

Alles war starr. Keiner begriff. Auch König Lebe-recht nicht. Aber sein Ton war doch noch immer huldvollst, als er sagte: »Fragen Sie nur zu, Meier!«

Und Meier ließ seine Stimme fröhlich erschallen und sprach: »Wie wär's denn, meine Herrschaften, wenn wir alle miteinander unsere Hosentürln zumachten?«

Eine Reflexbewegung seiner Hände belehrte den König über den Sinn dieser rhetorischen Frage. Er richtete, was zu richten war, und lachte dann so herzlich laut auf, daß seine Umgebung überzeugt sein konnte, es sei durchaus im Sinne der Etikette gehandelt, wenn sie mitlachte. Und da es zugleich ein Lachen der Befreiung war, war es ein brausendes, dröhnendes, herzerfreuendes Lachen.

Selbst die Spechte, die die hohen Stämme der Fichten bepochten, hielten mit Hämmern inne und lachten mit.

Der Zeremonienmeister aber erwachte unter diesem Ensemblesatz des Vergnügens zu neuem Leben und fand sogleich, daß es unschicklich sei, in der allerhöchsten Nähe zu wiehern wie unerzogene Rösser. Wäre ihm nicht gleichzeitig jener fatale Knödel gottlob zuergangen und verschwunden, so daß er wieder frei atmen und sich im Vollbesitze seiner Contenance fühlen konnte, hätte er noch einen schlimmeren Vergleich gewählt.

König Leberecht aber sprach, indem er dem Revierförster eine Zigarre anbot (die dieser jetzt noch und mit der ausgesprochenen Absicht, daß sie bis ans Ende der Tage dortbleiben soll, in seinem Glaskasten aufbewahrt): »Meier, Sie sind ein ganzer Kerl. Schade, daß ich Sie nicht in der Regierung verwenden kann. – Ja, meine Herren«, und damit wandte er sich zu den übrigen: »das Volk, das Volk! … Es ist eine schöne Sache um das Volk …!«

Dann stieg er langsamer, als es sonst seine Art war, in tiefes Sinnen versunken, den Berg hinab, an dessen Fuße ihn ein junges Mädchen in weißen, gestärkten Kleidern mit den Worten begrüßte:

»Wir jauchzen laut mit Herz und Mund
In dieser gnadenvollen Stund'.
wo uns das Glück geschieht,
Daß seinen König Leberecht
Das biedere Landvolk treu und echt,
In seiner Nähe sieht.

Es steht sein hochberühmter Thron
Seit mehr als tausend Jahren schon
In unserer Mitte fest.
Drum lieben wir ihn auch so sehr,
Wie wenn er unser Vater wär',
Der keinen je verläßt.

Er weiß, daß in der Landwirtschaft
Beruht des Staates größte Kraft,
Drum liebt ihn für und für
Der schwergeprüfte Bauersmann
Und hält als treuer Untertan
Ihm offen jede Tür.«

Bei diesen Worten stellte sich bei Seiner Majestät eine Ideenassoziation ein, die ein Lächeln des königlichen Mundes zur Folge hatte, woraus alle anwesenden Gemeindevorstände aufs neue die Überzeugung gewannen, daß der hohe Herr nach wie vor den Interessen des Nährstandes seine besondere Huld zuwendete.

DIE AUTOREN

Bierbaum, Otto Julius
(* 1865 Grünberg/Schlesien, † 1910 Kötzschenbroda/Dresden)

Der Autor gehörte zu den schillerndsten Persönlichkeiten der an Originalen ohnehin reichen literarischen Bohème der Wende zum 20. Jahrhundert. Bald nach seinem Studium gab Bierbaum ursprüngliche Pläne für eine Konsularslaufbahn in China zugunsten umtriebiger journalistischer, kabarettistischer und schriftstellerischer Tätigkeiten auf. Von seiner formal vielseitigen Lyrik – sie reicht von impressionistisch Feingesponnenem bis zu handfesten Stammtischliedern – ist heute kaum mehr etwas bekannt. Aber als Redakteur der »Freien Bühne«, Begründer des »Pan« (1894) und Mitherausgeber der »Insel« (seit 1899) gestaltete er ein wesentliches Kapitel Zeitschriftengeschichte mit. Immer noch beliebt sind seine satirischen Romane (»Stilpe«, 1897; »Prinz Kuckuck«, 1906/07) und heiteren Reisebücher (»Eine empfindsame Reise im Automobil«, 1903; »Yankeedoodlefahrt«, 1909). Und natürlich zahlreiche seiner komischen Erzählungen!

Busch, Wilhelm
(* 1832 Wiedensahl, † 1908 Mechtshausen/ Harz)

Begonnen hat Busch als akademischer Maler, der 1851 in Düsseldorf, 1852 in Antwerpen und 1854–64 in München studierte, wo er dann auch schon ersten Ruhm als Mitarbeiter der »Fliegenden Blätter« und »Münchner Bilderbögen« gewann. Dennoch entwickelte er die Kunst des kleinformatigen Gemäldes »zum Selbstplaisir« weiter; vor allem Porträts und niederdeutsche Landschaften waren seine Stärke. Der eigentliche Ruhm des Einsiedlers von Wiedensahl (wohin er 1864 zurückgekehrt war) gründet sich jedoch auf seine von eigenen Versen begleiteten satirischen Bildergeschichten. Klassische Kinderbücher wie »Max und Moritz« (1865), »Fipps der Affe« (1879) und »Plisch und Plum« (1882) gehören ebenso dazu wie pointiert angriffslustige Attacken auf Spießigkeit (»Herr und Frau Knopp«, 1876) und religiöse Heuchelei (»Die fromme Helene«, »Pater Filucius«, 1872). In den letzten Jahren seines Lebens schrieb er Erzählungen (»Eduards Traum«, 1891; »Der Schmetterling«, 1895) und Gedichte, die zum Besten seines Werks gehören (»Zu guter Letzt«, 1904; »Hernach«, 1908; »Schein und Sein«, 1909).

Dickens, Charles
(* 1812 Landport/Portsmouth, † 1870 Gadshill Place/Rochester)

Als Gehilfe in einer Anwaltskanzlei, später als Gerichtsreporter und Parlamentsstenograf und schließlich Mitarbeiter des »Morning Chronicle«, kam Dickens frühzeitig mit allen Bevölkerungsschichten zusammen, lernte genau hinzuhören und wußte auch, was gern gelesen wurde. Witzige Feuilletons und Kurzgeschichten aus London und bald darauf schon der zwei Jahre lang in Fortsetzungen erscheinende Episodenroman »Die Pickwickier« (1836/37) brachten schnellen Ruhm, aber das damals gern geübte Verfahren, nahezu alle Romane in Lieferungen erscheinen zu lassen, machte den Autor bald zu einem pausenlos schreibenden Worcaholic. Entstanden die ersten Romane noch ohne großes Planen (»Oliver Twist«, 1838;

»Nicholas Nickleby«, 1839), steigerte er seine Kunst in den reifen Werken zu überlegener Handlungsführung, ohne daß sie die Stärke der frühen – Humor und Herzlichkeit, Melodramatik und Sozialkritik – eingebüßt hätten (»David Copperfield«, 1848/49; »Bleak House«, 1853; »Große Erwartungen«, 1861).

Ernst, Otto
(* 1862 Ottensen/Holstein, † 1926 Groß-Flottbek b. Hamburg)
Der vielseitige Volksschriftsteller wurde als Sohn eines Zigarrenarbeiters geboren und brachte es bis zum Volksschullehrer. Seine auf Effekt geschriebenen Dramen, einst als gesellschaftskritisch empfunden, sind heute bis auf die Schulkomödie »Flachsmann als Erzieher« (1901) vergessen. Bedeutsamer erscheint daneben die autobiographische Roman-Trilogie »Asmus Sempers Jugendland« (1905), »Semper der Jüngling« (1908) und »Semper der Mann« (1916). Zumindest in Norddeutschland werden auch noch immer die drolligen »Appelschnut«-Geschichten (1907) und Ernsts plattdeutsche Anekdoten gelesen (»Vertell, Vertell«, 1925). Von seinen Gedichten hat sich nur die Ballade »Nis Randers« erhalten. Aus der langen Reihe seiner humoristischen Plaudereien verdiente eine kritische Auswahl der Besten dank ihrer humorvoll-präzisen Genremalerei des damaligen Arbeiter- und Kleinbürgertums durchaus eine neue Chance.

Fontane, Theodor
(* 1819 Neuruppin, † 1898 Berlin)
Noch vor wenigen Jahren gehörte Fontane zu den achtungsvoll ungelesenen Klassikern des Realismus. Mittlerweile hat er sich ein breites Publikum zurückerobert, wurde die bekannte Ballade »Herr von Ribbeck auf Ribbeck« zur Textgrundlage eines Rocksongs, sein eigenes Leben zur Folie für den Roman »Ein weites Feld« von

Günter Grass und der Ehebriefwechsel zwischen Theodor und Emilie Fontane (1998) ein für dieses Genre beispielloser Erfolg. Dabei hatte es bis in sein sechstes Lebensjahrzehnt nicht danach ausgesehen, als solle aus Fontane mehr werden als ein in seiner Zeit wirksamer Autor von Kriegsberichten, Reisebüchern (»Wanderungen durch die Mark Brandenburg«, 1862–82) und Theaterberichten. Dann aber begann mit »Vor dem Sturm« (1878) die Reihe seiner großen Altersromane und -erzählungen: »Grete Minde« (1880), »Schach von Wuthenow« (1883), »Unterm Birnbaum« (1885), »Irrungen, Wirrungen« (1888), »Frau Jenny Treibel« (1892), »Effie Briest« (1895), »Der Stechlin« (1899) und viele mehr.

Glaßbrenner, Adolf
(* 1810 Berlin, † 1876 ebd.)

Der volksverbundene Berliner Satiriker und Humorist verbarg seine keineswegs immer harmlosen politischen Witzgeschichten oft unter dem Pseudonym »Adolf Brennglas«. Weil er mit den Jahren eine Fülle von Zeitungen, Broschüren und Kalendern herausgab und oft allein zu füllen hatte, blieben seine bevorzugten Formen Bänkellieder, Dialoge und Kurzgeschichten. 1846 gelang ihm mit dem »Neuen Reineke Fuchs« ein bitterböses, die gesellschaftlichen Mißstände seiner Zeit anprangerndes Epos. 1850 aus Berlin verwiesen, ließ er sich zeitweilig in Hamburg nieder, wo er Kinderbücher (»Lachende Kinder«, 1850; »Die Insel Marzipan«, 1851) und harmlose Unterhaltung zu schreiben begann (»Humoristische Plauderstunden«, 1855; »Herr Heiter im Coupé«, 1862). 1858 nach Berlin zurückgekehrt, durfte er zwar nicht mehr politisch tätig werden, bewahrte aber seine alte demokratische Haltung und blieb seinen Landsleuten bis heute durch eine ganze Galerie literarischer Typen in Erinnerung (»Weißbierphilister«, »Eckensteher Nante«).

Irving, Washington
(* 1783 New York, † 1859 Tarrytown/N.Y.)

Vielleicht dank seiner langjährigen Aufenthalte als Gesandtschaftsattaché in London und Botschafter in Spanien und der dort empfangenen Anregungen gilt Irving heute als europäischster unter den frühen amerikanischen Erzählern. In seiner Heimat machte ihn eine humoristische Chronik New Yorks berühmt (»Die Handschrift Diedrich Knickerbockers des Jüngeren«, 1809). Es folgte eine siebenbändige Sammlung von Erzählungen (»Gottfried Crayon's Skizzenbuch«, 1819/20), aus der die unheimliche Geschichte »Rip Van Winkle« am bekanntesten geworden ist. Seine spanischen Erfahrungen verarbeitete er in der Legendensammlung »Die Alhambra oder Das neue Skizzenbuch« (1832). Auch als Biograph von Columbus (1828), Oliver Goldsmith (1840) und Georg Washington (1855–59) machte er sich einen Namen.

Keller, Gottfried
(* 1819 Zürich, † 1890 ebd.)

Seine ersten Erfahrungen als Autor sammelte Keller als streitbarer Journalist auf Seiten der liberalen Schweizer Kantone. Politische Lyrik verschaffte ihm ein Stipendium, das er zu längeren Aufenthalten in Heidelberg (1848–50) und Berlin (1850–55) nutzte. Mit seinem ersten Hauptwerk, dem Entwicklungsroman »Der grüne Heinrich« (1854/55), orientierte er sich noch an Goethes »Wilhelm Meister«. Die Neubearbeitung von 1879/80 zeigt dann aber bereits den großen, eigenständigen Realisten. Als Meister der Novelle hat er die meisten seiner Arbeiten in Zyklen gefaßt: »Sieben Legenden« (1872), »Die Leute von Seldwyla« (1873/74), »Die Züricher Novellen« (1878) und »Das Sinngedicht« (1882). Hier mißt er psychologisch meisterhaft, mitleidend, aber auch mit Augenzwinkern Irrungen und Wirrungen des Menschseins aus. Mit dem

Schweizer Gründerzeitroman »Martin Salander« (1886) zeigt sich Keller auf der Höhe seiner zeitkritisch-realistischen Kunst.

Maupassant, Guy de
(* 1850 bei Dieppe, † 1893 Paris)

Während seiner Zeit als Beamter im Unterrichtsministerium begann er unter Anleitung Flauberts zu schreiben und gehörte zum Freundeskreis Zolas. Gleich mit seiner ersten, 1880 veröffentlichten Novelle »Fettklößchen« erwies er sich als Meister des Erzählens. In einem wahren Arbeitsfuror schuf er nun während der nächsten elf Jahre über 250 Novellen, sechs Romane und drei Reiseberichte, ein Werk, das ihn reich und berühmt machte. Sein größter Romanerfolg wurde »Bel ami« (1885), die Geschichte eines Mannes von beschränkten Gaben, aber großer Attraktivität, der die Frauen benutzt, um auf der Erfolgsleiter ganz nach oben zu kommen. In seinen Novellen wird kühl-sarkastisch von der moralischen Anfälligkeit des Menschen erzählt. Tolstoi nannte Maupassant deshalb einen Menschen, »dessen Vision in die stillen Tiefen des menschlichen Wesens eingedrungen ist und der von dieser Stelle aus den Kampf der Menschheit deutet«. 1891 fiel er in geistige Umnachtung und starb 18 Monate später nach einem mißglückten Selbstmordversuch.

Merckel, Wilhelm von
(* 1803 Friedland/Schlesien, † 1861 Berlin)

Seit 1850 als Rat am Kammergericht in Berlin tätig, schrieb Merckel während seiner Mußestunden Gedichte, Aphorismen, Erzählungen und historisch-politische Schriften. Er gehörte – wie zeitweilig auch Geibel, Heyse und Storm – der literarischen Vereinigung »Tunnel über der Spree« an und veranlaßte dort die Aufnahme Fontanes, mit dem er freundschaftlich verbunden war. Von der Lyrik des konservativen Autors ist nur noch der böse Vers »Gegen Demokraten / helfen nur Soldaten« bekannt geblieben. Überhaupt scheint sein ganzes Leben zur Fußnote in den großen Fontane-Biographien geschrumpft (»wichtiger Korrespondenzpartner im oft schwierigen Alltag des Dichters«).

Die posthum erschienene Sammlung »Kleine Studien« (1863), zu der Fontane ein Vorwort beisteuerte, enthält das Lesenswerteste aus dem Prosawerk des Autors.

Riehl, Wilhelm Heinrich
(* 1823 Biebrich/Rhein, † 1897 München)

Heute vor allem als bedeutender deutscher Kulturhistoriker des 19. Jahrhunderts und Begründer der wissenschaftlichen Volkskunde angesehen, wandte sich Riehl zu Lebzeiten den unterschiedlichsten kulturellen Professionen zu; er war Journalist in Gießen und Karlsruhe, Mitglied des Frankfurter Parlaments, Leiter des Wiesbadener Hoftheaters, Redakteur der Allgemeinen Zeitung in Augsburg, Professor der Staatswissenschaften, später Ordinarius für Kulturgeschichte in München und ab 1885 Direktor des dortigen Königlichen Nationalmuseums. Seine ausgebreiteten Kenntnisse der deutschen Volks- und Altertumskunde brachte er in seine belletristischen Arbeiten ein, von denen vor allem die Erzählungen lesenswert geblieben sind: »Kulturgeschichtliche Novellen« (1856), »Geschichten aus alter Zeit« (1863/64), »Am Feierabend« (1880), »Lebensrätsel« (1888).

Rosegger, Peter
(* 1843 Alpl bei Krieglach/Obersteiermark,
† 1918 Krieglach)

Der volkstümliche Erzähler wurde als Sohn eines Kleinbauern geboren, war zunächst Hirte, dann Schneiderlehrling. Der 26jährige veröffentlichte erste Gedichte in steirischer Mundart. Ein Stipendium ermöglichte ihm 1870 Reisen durch Norddeutschland, Holland, die Schweiz und Italien. Sein Realitätssinn und eine konsequent religiöse Ethik drücken seinen Erzählungen und Romanen ihren besonderen Stempel auf und bewahren sie auch bei mangelnder künstlerischer Kraft vor bloßer Gemütshuberei. Schon der 50jährige konnte Gesammelte Werke in 40 Bänden vorlegen, am Ende seines Lebens umfaßte sein Publikationsverzeichnis nicht weniger als 112 Bücher. Herausragend: »Die Schriften des Waldschulmeisters« (1875) und »Jakob der Letzte« (1888), bei den Erzählungen die bis heute populären autobiographischen Geschichten »Als ich noch der Waldbauernbub war« (1899–1902).

Seidel, Heinrich
(* 1842 Perlin/Mecklenburg, † 1906 Groß-Lichterfelde/Berlin)

Als Ingenieur einer Eisenbahngesellschaft konstruierte er u. a. das Hallendach des Anhalter Bahnhofs in Berlin. Als Schriftsteller machte er sich einen Namen mit unterhaltsamer Lyrik (»Winterfliegen«, 1880; »Idyllen und Scherze«, 1884), humorvollen Idyllen (»Vorstadt-Geschichten«, 1880; »Geschichten und Skizzen aus der Heimat«, 1885) und Märchen (»Phantasiestücke«, 1903). Den größten Erfolg aber errang er mit »Leberecht Hühnchen« (Gesamtausgabe 1899), einem locker komponierten Roman um die Gestalt eines fröhlich-selbstgenügsamen Ingenieurs und seiner Familie. Seidel-Kenner weisen allerdings unermüdlich auf »Reinhard Flemmings Abenteuer zu Wasser und zu Lande« (1906 posthum erschienen) als sein bestes Werk hin. In den autobiographischen Aufzeichnungen »Von Perlin nach Berlin« (1903) erzählt Seidel auf verspielt-charmante Weise aus seinem Leben.

Wagner, Christian
(* 1835 Warmbronn, † 1918 ebd.)

»Wie ich dazu komme, als einfacher Landmann Gedichte zu schreiben, fragen mich die Leute. Ich weiß es selbst nicht, oder richtiger gesagt: Weil ich es muß.« Der Tagelöhner und Holzfäller war ein ausgesprochener Autodidakt, in dessen Werk Epigonales und Geniales nebeneinanderstehen. Autoren wie Karl Kraus und Hermann Hesse erkannten schon früh, welche Schätze sich im Werk dieses allem Literaturbetrieb fernen Grüblers und Sinnierers finden lassen. Im Zuge einer Wagner-Renaissance, die sich besonders an seinem Naturbegriff von der »möglichsten Schonung alles Lebendigen« begeisterte, erschien in den 60er und 70er Jahren nahezu sein gesamtes Werk neu, begleiteten Ausstellungen und publizistische Hinweise (Albrecht Goes, Peter Handke) das Phänomen Wagner. Das Hauptwerk des Dichters, drei Sammlungen Lyrik und Prosa unter dem Titel »Sonntagsgänge«, erschien zwischen 1885 und 1890. Eine Werkauswahl durch Hermann Hesse (1913) trug maßgeblich zur Durchsetzung des Dichters bei. Viel gelesen wurden auch Wagners kleine Geschichten aus der Jugendzeit (»Eigenbrötler«, 1915).

Wildermuth, Ottilie
(* 1817 Rottenburg/Neckar, † 1877 Tübingen)

Als junge Frau eignete sie sich im Selbststudium Englisch, Französisch und eine umfassende literarische Bildung an. Obwohl sie nach ihrer Heirat 1843 mit der Arbeit für einen umfänglichen und gastfreundlichen Haushalt sowie dem engagierten Einsatz für karitative Einrichtungen und verschiedene Frauenvereinigungen schon übergenug zu tun hatte, begann sie bald mit einer regen schriftstellerischen Tätigkeit. Sie wurde Mitarbeiterin an nicht weniger als 16 Zeitschriften und lernte viele namhafte Kollegen kennen, unter ihnen Keller und Gotthelf, Uhland, Kerner,

Schelling, Stifter und Heyse. Die in allen Gesellschaftsschichten und nicht zuletzt von Kindern viel gelesene Autorin schrieb zwar durchaus im gefühlvoll-bewahrenden Stil der Zeit, doch sind zumindest ihre humorvollen Genrebilder aus der schwäbischen Heimat auch heute noch lesenswert (»Bilder und Geschichten aus Schwaben«, von Peter Härtling 1977 neu herausgegeben; »Lebenswege – krumme und gerade«, von Rosemarie Wildermuth 1987 neu herausgegeben). Ihre Geschichten für Kinder (1871–76 in 16 Bänden gesammelt!) wurden noch bis weit in unser Jahrhundert hinein in zahlreichen Sammlungen und Kalendern nachgedruckt.